卞尺丹几乙し丹卞と
Translated Language Learning

Siddhartha

An Indian Poem
Et Indisk Dikt

Hermann Hesse

English / Norsk

Copyright © 2024 Tranzlaty
All rights reserved
Published by Tranzlaty
Siddhartha – Eine Indische Dichtung
ISBN: 978-1-83566-691-3
Original text by Hermann Hesse
First published in German in 1922
www.tranzlaty.com

The Son of the Brahman
Brahmanens sønn

In the shade of the house
I skyggen av huset
in the sunshine of the riverbank
i solskinnet ved elvebredden
near the boats
i nærheten av båtene
in the shade of the Sal-wood forest
i skyggen av Sal-skogen
in the shade of the fig tree
i skyggen av fikentreet
this is where Siddhartha grew up
det er her Siddhartha vokste opp
he was the handsome son of a Brahman, the young falcon
han var den kjekke sønnen til en brahman, den unge falken
he grew up with his friend Govinda
han vokste opp med vennen Govinda
Govinda was also the son of a Brahman
Govinda var også sønn av en brahman
by the banks of the river the sun tanned his light shoulders
ved bredden av elven brunet solen hans lyse skuldre
bathing, performing the sacred ablutions, making sacred offerings
bade, utføre de hellige avvaskingene, gjøre hellige ofringer
In the mango garden, shade poured into his black eyes
I mangohagen strømmet skyggen inn i de svarte øynene hans
when playing as a boy, when his mother sang
når han spilte som gutt, når moren sang
when the sacred offerings were made
da de hellige ofringene ble ofret
when his father, the scholar, taught him
da hans far, den lærde, lærte ham
when the wise men talked
når de vise menn snakket

For a long time, Siddhartha had been partaking in the discussions of the wise men
I lang tid hadde Siddhartha deltatt i diskusjonene til de vise mennene
he practiced debating with Govinda
han øvde på å diskutere med Govinda
he practiced the art of reflection with Govinda
han praktiserte refleksjonskunsten med Govinda
and he practiced meditation
og han praktiserte meditasjon
He already knew how to speak the Om silently
Han visste allerede hvordan han skulle snakke om lydløst
he knew the word of words
han kunne ordenes ord
he spoke it silently into himself while inhaling
han snakket det stille inn i seg selv mens han inhalerte
he spoke it silently out of himself while exhaling
han snakket det stille ut av seg selv mens han pustet ut
he did this with all the concentration of his soul
han gjorde dette med hele sjelens konsentrasjon
his forehead was surrounded by the glow of the clear-thinking spirit
pannen hans var omgitt av gløden fra den klartenkende ånd
He already knew how to feel Atman in the depths of his being
Han visste allerede hvordan han skulle føle Atman i dypet av sitt vesen
he could feel the indestructible
han kunne føle det uforgjengelige
he knew what it was to be at one with the universe
han visste hva det var å være i ett med universet
Joy leapt in his father's heart
Gleden hoppet i farens hjerte
because his son was quick to learn
fordi sønnen hans var rask til å lære
he was thirsty for knowledge

han var tørst etter kunnskap
his father could see him growing up to become a great wise man
faren hans kunne se ham vokse opp til å bli en stor vis mann
he could see him becoming a priest
han kunne se ham bli prest
he could see him becoming a prince among the Brahmans
han kunne se ham bli en prins blant brahmanene
Bliss leapt in his mother's breast when she saw him walking
Bliss hoppet i morens bryst da hun så ham gå
Bliss leapt in her heart when she saw him sit down and get up
Bliss hoppet i hjertet hennes da hun så ham sette seg ned og reise seg
Siddhartha was strong and handsome
Siddhartha var sterk og kjekk
he, who was walking on slender legs
han, som gikk på slanke ben
he greeted her with perfect respect
han hilste henne med full respekt
Love touched the hearts of the Brahmans' young daughters
Kjærlighet rørte hjertene til Brahmanenes unge døtre
they were charmed when Siddhartha walked through the lanes of the town
de ble sjarmert da Siddhartha gikk gjennom gatene i byen
his luminous forehead, his eyes of a king, his slim hips
hans lysende panne, hans øyne som en konge, hans slanke hofter
But most of all he was loved by Govinda
Men mest av alt var han elsket av Govinda
Govinda, his friend, the son of a Brahman
Govinda, hans venn, sønn av en brahman
He loved Siddhartha's eye and sweet voice
Han elsket Siddharthas øye og søte stemme
he loved the way he walked
han elsket måten han gikk på

and he loved the perfect decency of his movements
og han elsket den perfekte anstendigheten i bevegelsene sine
he loved everything Siddhartha did and said
han elsket alt Siddhartha gjorde og sa
but what he loved most was his spirit
men det han elsket mest var hans ånd
he loved his transcendent, fiery thoughts
han elsket sine transcendente, brennende tanker
he loved his ardent will and high calling
han elsket sin brennende vilje og høye kall
Govinda knew he would not become a common Brahman
Govinda visste at han ikke ville bli en vanlig brahman
no, he would not become a lazy official
nei, han ville ikke bli en lat tjenestemann
no, he would not become a greedy merchant
nei, han ville ikke bli en grådig kjøpmann
not a vain, vacuous speaker
ikke en forfengelig, tom taler
nor a mean, deceitful priest
heller ikke en ond, svikefull prest
and he also would not become a decent, stupid sheep
og han ville heller ikke bli en anstendig, dum sau
a sheep in the herd of the many
en sau i flokken til de mange
and he did not want to become one of those things
og han ønsket ikke å bli en av disse tingene
he did not want to be one of those tens of thousands of Brahmans
han ønsket ikke å være en av disse titusenvis av brahmaner
He wanted to follow Siddhartha; the beloved, the splendid
Han ønsket å følge Siddhartha; den elskede, den fantastiske
in days to come, when Siddhartha would become a god, he would be there
i dager som kommer, når Siddhartha ville bli en gud, ville han være der
when he would join the glorious, he would be there

når han ville slutte seg til de herlige, ville han være der
Govinda wanted to follow him as his friend
Govinda ønsket å følge ham som sin venn
he was his companion and his servant
han var hans følgesvenn og hans tjener
he was his spear-carrier and his shadow
han var hans spydbærer og hans skygge
Siddhartha was loved by everyone
Siddhartha var elsket av alle
He was a source of joy for everybody
Han var en kilde til glede for alle
he was a delight for them all
han var en fryd for dem alle
But he, Siddhartha, was not a source of joy for himself
Men han, Siddhartha, var ikke en kilde til glede for seg selv
he found no delight in himself
han fant ingen glede i seg selv
he walked the rosy paths of the fig tree garden
han gikk de rosenrøde stiene i fikentrehagen
he sat in the bluish shade in the garden of contemplation
han satt i den blåaktige skyggen i kontemplasjonens hage
he washed his limbs daily in the bath of repentance
han vasket sine lemmer daglig i omvendelsens bad
he made sacrifices in the dim shade of the mango forest
han ofret i den dunkle skyggen av mangoskogen
his gestures were of perfect decency
bevegelsene hans var av fullkommen anstendighet
he was everyone's love and joy
han var alles kjærlighet og glede
but he still lacked all joy in his heart
men han manglet likevel all glede i hjertet
Dreams and restless thoughts came into his mind
Drømmer og rastløse tanker kom inn i hans sinn
his dreams flowed from the water of the river
hans drømmer rant fra vannet i elven
his dreams sparked from the stars of the night

hans drømmer utløste av nattens stjerner
his dreams melted from the beams of the sun
drømmene hans smeltet fra solens stråler
dreams came to him, and a restlessness of the soul came to him
drømmer kom til ham, og en uro i sjelen kom til ham
his soul was fuming from the sacrifices
hans sjel rykket av ofrene
he breathed forth from the verses of the Rig-Veda
han pustet ut fra versene til Rig-Veda
the verses were infused into him, drop by drop
versene ble tilført ham, dråpe for dråpe
the verses from the teachings of the old Brahmans
versene fra læren til de gamle brahmanene
Siddhartha had started to nurse discontent in himself
Siddhartha hadde begynt å pleie misnøye med seg selv
he had started to feel doubt about the love of his father
han hadde begynt å tvile på farens kjærlighet
he doubted the love of his mother
han tvilte på morens kjærlighet
and he doubted the love of his friend, Govinda
og han tvilte på kjærligheten til sin venn, Govinda
he doubted if their love could bring him joy forever and ever
han tvilte på om deres kjærlighet kunne bringe ham glede for alltid og alltid
their love could not nurse him
deres kjærlighet kunne ikke amme ham
their love could not feed him
deres kjærlighet kunne ikke mate ham
their love could not satisfy him
deres kjærlighet kunne ikke tilfredsstille ham
he had started to suspect his father's teachings
han hadde begynt å mistenke farens lære
perhaps he had shown him everything he knew
kanskje han hadde vist ham alt han visste

there were his other teachers, the wise Brahmans
der var hans andre lærere, de kloke brahmanene
perhaps they had already revealed to him the best of their wisdom
kanskje de allerede hadde åpenbart det beste av sin visdom for ham
he feared that they had already filled his expecting vessel
han fryktet at de allerede hadde fylt hans ventende kar
despite the richness of their teachings, the vessel was not full
til tross for rikdommen i deres lære, var ikke fartøyet fullt
the spirit was not content
ånden var ikke fornøyd
the soul was not calm
sjelen var ikke rolig
the heart was not satisfied
hjertet var ikke fornøyd
the ablutions were good, but they were water
ablutions var bra, men de var vann
the ablutions did not wash off the sin
vaskingene vasket ikke av synden
they did not heal the spirit's thirst
de helbredet ikke åndens tørst
they did not relieve the fear in his heart
de lindret ikke frykten i hans hjerte
The sacrifices and the invocation of the gods were excellent
Ofringene og påkallelsen av gudene var utmerket
but was that all there was?
men var det alt som var?
did the sacrifices give a happy fortune?
ga ofrene en lykkelig formue?
and what about the gods?
og hva med gudene?
Was it really Prajapati who had created the world?
Var det virkelig Prajapati som hadde skapt verden?
Was it not the Atman who had created the world?

Var det ikke Atman som hadde skapt verden?
Atman, the only one, the singular one
Atman, den eneste, entall
Were the gods not creations?
Var ikke gudene skapninger?
were they not created like me and you?
ble de ikke skapt som meg og deg?
were the Gods not subject to time?
var ikke gudene underlagt tiden?
were the Gods mortal? Was it good?
var gudene dødelige? Var det bra?
was it right? was it meaningful?
var det rett? var det meningsfullt?
was it the highest occupation to make offerings to the gods?
var det den høyeste oppgaven å ofre til gudene?
For whom else were offerings to be made?
For hvem andre skulle det ofres?
who else was to be worshipped?
hvem andre skulle tilbes?
who else was there, but Him?
hvem andre var der enn ham?
The only one, the Atman
Den eneste, Atman
And where was Atman to be found?
Og hvor var Atman å finne?
where did He reside?
hvor bodde han?
where did His eternal heart beat?
hvor slo hans evige hjerte?
where else but in one's own self?
hvor annet enn i en selv?
in its innermost indestructible part
i sin innerste uforgjengelige del
could he be that which everyone had in himself?
kunne han være det som alle hadde i seg selv?
But where was this self?

Men hvor var dette jeget?
where was this innermost part?
hvor var denne innerste delen?
where was this ultimate part?
hvor var denne ultimate delen?
It was not flesh and bone
Det var ikke kjøtt og bein
it was neither thought nor consciousness
det var verken tanke eller bevissthet
this is what the wisest ones taught
dette er hva de klokeste lærte
So where was it?
Så hvor var det?
the self, myself, the Atman
selvet, meg selv, Atman
To reach this place, there was another way
For å nå dette stedet var det en annen vei
was this other way worth looking for?
var denne andre måten verdt å se etter?
Alas, nobody showed him this way
Akk, ingen viste ham på denne måten
nobody knew this other way
ingen visste dette på en annen måte
his father did not know it
faren hans visste det ikke
and the teachers and wise men did not know it
og lærerne og vise menn visste det ikke
They knew everything, the Brahmans
De visste alt, brahmanene
and their holy books knew everything
og deres hellige bøker visste alt
they had taken care of everything
de hadde tatt seg av alt
they took care of the creation of the world
de tok seg av skapelsen av verden
they described origin of speech, food, inhaling, exhaling

de beskrev opprinnelsen til tale, mat, innånding, utpust
they described the arrangement of the senses
de beskrev arrangementet av sansene
they described the acts of the gods
de beskrev gudenes handlinger
their books knew infinitely much
bøkene deres visste uendelig mye
but was it valuable to know all of this?
men var det verdifullt å vite alt dette?
was there not only one thing to be known?
var det ikke bare én ting å vite?
was there still not the most important thing to know?
var det fortsatt ikke det viktigste å vite?
many verses of the holy books spoke of this innermost, ultimate thing
mange vers i de hellige bøkene snakket om denne innerste, ultimate ting
it was spoken of particularly in the Upanishades of Samaveda
det ble omtalt spesielt i Upanishades av Samaveda
they were wonderful verses
de var fantastiske vers
"Your soul is the whole world", this was written there
«Din sjel er hele verden», sto dette der
and it was written that man in deep sleep would meet with his innermost part
og det ble skrevet at mennesket i dyp søvn ville møte sin innerste del
and he would reside in the Atman
og han ville bo i Atman
Marvellous wisdom was in these verses
Forunderlig visdom var i disse versene
all knowledge of the wisest ones had been collected here in magic words
all kunnskap om de klokeste var samlet her i magiske ord
it was as pure as honey collected by bees

den var så ren som honning samlet av bier
No, the verses were not to be looked down upon
Nei, versene var ikke til å se ned på
they contained tremendous amounts of enlightenment
de inneholdt enorme mengder opplysning
they contained wisdom which lay collected and preserved
de inneholdt visdom som lå samlet og bevart
wisdom collected by innumerable generations of wise Brahmans
visdom samlet inn av utallige generasjoner av kloke brahmaner
But where were the Brahmans?
Men hvor var brahmanene?
where were the priests?
hvor var prestene?
where the wise men or penitents?
hvor de vise menn eller angrende?
where were those that had succeeded?
hvor var de som hadde lyktes?
where were those who knew more than deepest of all knowledge?
hvor var de som visste mer enn dypest av all kunnskap?
where were those that also lived out the enlightened wisdom?
hvor var de som også levde ut den opplyste visdommen?
Where was the knowledgeable one who brought Atman out of his sleep?
Hvor var den kunnskapsrike som tok Atman ut av søvnen?
who had brought this knowledge into the day?
hvem hadde brakt denne kunnskapen inn i dagen?
who had taken this knowledge into their life?
hvem hadde tatt denne kunnskapen inn i livet sitt?
who carried this knowledge with every step they took?
hvem tok med seg denne kunnskapen med hvert skritt de tok?
who had married their words with their deeds?
hvem hadde giftet deres ord med deres gjerninger?

Siddhartha knew many venerable Brahmans
Siddhartha kjente mange ærverdige brahmaner
his father, the pure one
faren hans, den rene
the scholar, the most venerable one
den lærde, den mest ærverdige
His father was worthy of admiration
Faren hans var verdig beundring
quiet and noble were his manners
stille og edel var hans oppførsel
pure was his life, wise were his words
rent var hans liv, kloke var hans ord
delicate and noble thoughts lived behind his brow
sarte og edle tanker levde bak pannen hans
but even though he knew so much, did he live in blissfulness?
men selv om han visste så mye, levde han i salighet?
despite all his knowledge, did he have peace?
til tross for all hans kunnskap, hadde han fred?
was he not also just a searching man?
var han ikke også bare en søkende mann?
was he still not a thirsty man?
var han fortsatt ikke en tørst mann?
Did he not have to drink from holy sources again and again?
Måtte han ikke drikke fra hellige kilder igjen og igjen?
did he not drink from the offerings?
drakk han ikke av ofringene?
did he not drink from the books?
drakk han ikke av bøkene?
did he not drink from the disputes of the Brahmans?
drakk han ikke av brahmanenes stridigheter?
Why did he have to wash off sins every day?
Hvorfor måtte han vaske av synder hver dag?
must he strive for a cleansing every day?
må han strebe etter en rensing hver dag?
over and over again, every day

igjen og igjen, hver dag
Was Atman not in him?
Var ikke Atman i ham?
did not the pristine source spring from his heart?
kom ikke den uberørte kilden fra hans hjerte?
the pristine source had to be found in one's own self
den uberørte kilden måtte finnes i ens eget jeg
the pristine source had to be possessed!
den uberørte kilden måtte være i besittelse!
doing anything else else was searching
å gjøre noe annet var å søke
taking any other pass is a detour
å ta et hvilket som helst annet pass er en omvei
going any other way leads to getting lost
går en annen vei fører til å gå seg vill
These were Siddhartha's thoughts
Dette var Siddharthas tanker
this was his thirst, and this was his suffering
dette var hans tørst, og dette var hans lidelse
Often he spoke to himself from a Chandogya-Upanishad:
Ofte snakket han til seg selv fra en Chandogya-Upanishad:
"Truly, the name of the Brahman is Satyam"
"Sannelig, navnet på Brahman er Satyam"
"he who knows such a thing, will enter the heavenly world every day"
"den som vet noe slikt, kommer inn i den himmelske verden hver dag"
Often the heavenly world seemed near
Ofte virket den himmelske verden nær
but he had never reached the heavenly world completely
men han hadde aldri nådd den himmelske verden helt
he had never quenched the ultimate thirst
han hadde aldri slukket den ultimate tørsten
And among all the wise and wisest men, none had reached it
Og blant alle de vise og klokeste menn var det ingen som hadde nådd det

he received instructions from them
han fikk instruksjoner fra dem
but they hadn't completely reached the heavenly world
men de hadde ikke helt nådd den himmelske verden
they hadn't completely quenched their thirst
de hadde ikke slukket tørsten helt
because this thirst is an eternal thirst
fordi denne tørsten er en evig tørst

"Govinda" Siddhartha spoke to his friend
"Govinda" Siddhartha snakket med vennen sin
"Govinda, my dear, come with me under the Banyan tree"
"Govinda, min kjære, bli med meg under Banyan-treet"
"let's practise meditation"
"la oss øve på meditasjon"
They went to the Banyan tree
De gikk til Banyan-treet
under the Banyan tree they sat down
under Banyan-treet satte de seg
Siddhartha was right here
Siddhartha var akkurat her
Govinda was twenty paces away
Govinda var tjue skritt unna
Siddhartha seated himself and he repeated murmuring the verse
Siddhartha satte seg og han gjentok å mumlet verset
Om is the bow, the arrow is the soul
Om er buen, pilen er sjelen
The Brahman is the arrow's target
Brahmanen er pilens mål
the target that one should incessantly hit
målet som man ustanselig skal treffe
the usual time of the exercise in meditation had passed
den vanlige tiden for øvelsen i meditasjon hadde gått
Govinda got up, the evening had come
Govinda reiste seg, kvelden var kommet

it was time to perform the evening's ablution
det var på tide å utføre kveldens avvasking
He called Siddhartha's name, but Siddhartha did not answer
Han kalte Siddharthas navn, men Siddhartha svarte ikke
Siddhartha sat there, lost in thought
Siddhartha satt der, fortapt i tanker
his eyes were rigidly focused towards a very distant target
øynene hans var stivt rettet mot et svært fjernt mål
the tip of his tongue was protruding a little between the teeth
tungespissen hans stakk litt ut mellom tennene
he seemed not to breathe
han så ut til å ikke puste
Thus sat he, wrapped up in contemplation
Slik satt han, pakket inn i kontemplasjon
he was deep in thought of the Om
han tenkte dypt på Om
his soul sent after the Brahman like an arrow
hans sjel sendte etter Brahmanen som en pil
Once, Samanas had travelled through Siddhartha's town
En gang hadde Samanas reist gjennom Siddharthas by
they were ascetics on a pilgrimage
de var asketer på pilegrimsreise
three skinny, withered men, neither old nor young
tre magre, visne menn, verken gamle eller unge
dusty and bloody were their shoulders
støvete og blodige var skuldrene deres
almost naked, scorched by the sun, surrounded by loneliness
nesten naken, svidd av solen, omgitt av ensomhet
strangers and enemies to the world
fremmede og fiender for verden
strangers and jackals in the realm of humans
fremmede og sjakaler i menneskenes rike
Behind them blew a hot scent of quiet passion
Bak dem blåste en varm duft av stille lidenskap

a scent of destructive service
en duft av destruktiv tjeneste
a scent of merciless self-denial
en duft av nådeløs selvfornektelse
the evening had come
kvelden var kommet
after the hour of contemplation, Siddhartha spoke to Govinda
etter kontemplasjonstimen snakket Siddhartha til Govinda
"Early tomorrow morning, my friend, Siddhartha will go to the Samanas"
"Tidlig i morgen tidlig, min venn, Siddhartha vil dra til Samanas"
"He will become a Samana"
"Han vil bli en Samana"
Govinda turned pale when he heard these words
Govinda ble blek da han hørte disse ordene
and he read the decision in the motionless face of his friend
og han leste avgjørelsen i det ubevegelige ansiktet til vennen sin
the determination was unstoppable, like the arrow shot from the bow
besluttsomheten var ustoppelig, som pilen skjøt fra baugen
Govinda realized at first glance; now it is beginning
Govinda innså ved første øyekast; nå begynner det
now Siddhartha is taking his own way
nå tar Siddhartha sin egen vei
now his fate is beginning to sprout
nå begynner skjebnen hans å spire
and because of Siddhartha, Govinda's fate is sprouting too
og på grunn av Siddhartha spirer også Govindas skjebne
he turned pale like a dry banana-skin
han ble blek som et tørt bananskinn
"Oh Siddhartha," he exclaimed
"Å, Siddhartha," utbrøt han
"will your father permit you to do that?"

"vil faren din tillate deg å gjøre det?"
Siddhartha looked over as if he was just waking up
Siddhartha så over som om han akkurat våknet
like an Arrow he read Govinda's soul
som en pil leste han Govindas sjel
he could read the fear and the submission in him
han kunne lese frykten og underkastelsen i ham
"Oh Govinda," he spoke quietly, "let's not waste words"
"Å Govinda," sa han stille, "la oss ikke kaste bort ord"
"Tomorrow at daybreak I will begin the life of the Samanas"
"I morgen ved daggry vil jeg begynne livet til Samanas"
"let us speak no more of it"
"la oss ikke snakke mer om det"

Siddhartha entered the chamber where his father was sitting
Siddhartha gikk inn i kammeret der faren hans satt
his father was was on a mat of bast
faren hans var på en matte av bast
Siddhartha stepped behind his father
Siddhartha gikk bak faren
and he remained standing behind him
og han ble stående bak ham
he stood until his father felt that someone was standing behind him
han ble stående til faren kjente at det sto noen bak ham
Spoke the Brahman: "Is that you, Siddhartha?"
Brahmanen sa: "Er det deg, Siddhartha?"
"Then say what you came to say"
"Si så hva du kom for å si"
Spoke Siddhartha: "With your permission, my father"
Siddhartha sa: "Med din tillatelse, min far"
"I came to tell you that it is my longing to leave your house tomorrow"
"Jeg kom for å fortelle deg at det er min lengsel etter å forlate huset ditt i morgen"
"I wish to go to the ascetics"

"Jeg ønsker å gå til asketene"
"My desire is to become a Samana"
"Mitt ønske er å bli en Samana"
"May my father not oppose this"
"Måtte min far ikke motsette seg dette"
The Brahman fell silent, and he remained so for long
Brahmanen ble stille, og det forble han lenge
the stars in the small window wandered
stjernene i det lille vinduet vandret
and they changed their relative positions
og de endret sine relative posisjoner
Silent and motionless stood the son with his arms folded
Stille og urørlig sto sønnen med armene i kors
silent and motionless sat the father on the mat
stille og urørlig satt faren på matten
and the stars traced their paths in the sky
og stjernene sporet sine stier på himmelen
Then spoke the father
Så sa faren
"it is not proper for a Brahman to speak harsh and angry words"
"det er ikke riktig for en brahman å si harde og sinte ord"
"But indignation is in my heart"
"Men indignasjon er i mitt hjerte"
"I wish not to hear this request for a second time"
"Jeg ønsker ikke å høre denne forespørselen for andre gang"
Slowly, the Brahman rose
Sakte reiste Brahman seg
Siddhartha stood silently, his arms folded
Siddhartha sto stille med armene foldet
"What are you waiting for?" asked the father
"Hva venter du på?" spurte faren
Spoke Siddhartha, "You know what I'm waiting for"
Siddhartha sa: "Du vet hva jeg venter på"
Indignant, the father left the chamber
Indignert forlot faren kammeret

indignant, he went to his bed and lay down
indignert gikk han til sengen sin og la seg
an hour passed, but no sleep had come over his eyes
det gikk en time, men ingen søvn hadde kommet over øynene hans
the Brahman stood up and he paced to and fro
Brahmanen reiste seg og han gikk frem og tilbake
and he left the house in the night
og han forlot huset om natten
Through the small window of the chamber he looked back inside
Gjennom det lille vinduet i kammeret så han inn igjen
and there he saw Siddhartha standing
og der så han Siddhartha stå
his arms were folded and he had not moved from his spot
armene hans var foldet og han hadde ikke beveget seg fra stedet
Pale shimmered his bright robe
Blek glitret i den lyse kappen hans
With anxiety in his heart, the father returned to his bed
Med angst i hjertet vendte faren tilbake til sengen sin
another sleepless hour passed
en annen søvnløs time gikk
since no sleep had come over his eyes, the Brahman stood up again
siden ingen søvn hadde kommet over øynene hans, reiste Brahman seg igjen
he paced to and fro, and he walked out of the house
han gikk frem og tilbake, og han gikk ut av huset
and he saw that the moon had risen
og han så at månen hadde gått opp
Through the window of the chamber he looked back inside
Gjennom vinduet i kammeret så han inn igjen
there stood Siddhartha, unmoved from his spot
der sto Siddhartha, uberørt fra sin plass
his arms were folded, as they had been

armene hans var foldet, slik de hadde vært
moonlight was reflecting from his bare shins
måneskinn reflekterte fra hans bare legg
With worry in his heart, the father went back to bed
Med bekymring i hjertet gikk faren tilbake til sengs
he came back after an hour
han kom tilbake etter en time
and he came back again after two hours
og han kom tilbake igjen etter to timer
he looked through the small window
han så gjennom det lille vinduet
he saw Siddhartha standing in the moon light
han så Siddhartha stå i månelyset
he stood by the light of the stars in the darkness
han stod ved stjernenes lys i mørket
And he came back hour after hour
Og han kom tilbake time etter time
silently, he looked into the chamber
stille så han inn i kammeret
he saw him standing in the same place
han så ham stå på samme sted
it filled his heart with anger
det fylte hans hjerte med sinne
it filled his heart with unrest
det fylte hans hjerte med uro
it filled his heart with anguish
det fylte hans hjerte med angst
it filled his heart with sadness
det fylte hans hjerte med tristhet
the night's last hour had come
nattens siste time var kommet
his father returned and stepped into the room
faren kom tilbake og gikk inn i rommet
he saw the young man standing there
han så den unge mannen stå der
he seemed tall and like a stranger to him

han virket høy og som en fremmed for ham
"Siddhartha," he spoke, "what are you waiting for?"
"Siddhartha," sa han, "hva venter du på?"
"You know what I'm waiting for"
"Du vet hva jeg venter på"
"Will you always stand that way and wait?
"Vil du alltid stå på den måten og vente?
"I will always stand and wait"
"Jeg vil alltid stå og vente"
"will you wait until it becomes morning, noon, and evening?"
"Venter du til det blir morgen, middag og kveld?"
"I will wait until it become morning, noon, and evening"
"Jeg vil vente til det blir morgen, middag og kveld"
"You will become tired, Siddhartha"
"Du vil bli sliten, Siddhartha"
"I will become tired"
"Jeg vil bli sliten"
"You will fall asleep, Siddhartha"
"Du vil sovne, Siddhartha"
"I will not fall asleep"
"Jeg vil ikke sovne"
"You will die, Siddhartha"
"Du vil dø, Siddhartha"
"I will die," answered Siddhartha
"Jeg vil dø," svarte Siddhartha
"And would you rather die, than obey your father?"
"Og vil du heller dø enn å adlyde faren din?"
"Siddhartha has always obeyed his father"
"Siddhartha har alltid adlydt sin far"
"So will you abandon your plan?"
"Så vil du forlate planen din?"
"Siddhartha will do what his father will tell him to do"
"Siddhartha vil gjøre det faren vil fortelle ham å gjøre"
The first light of day shone into the room
Det første dagens lys skinte inn i rommet

The Brahman saw that Siddhartha knees were softly trembling
Brahmanen så at Siddhartha-knærne skalv sakte
In Siddhartha's face he saw no trembling
I ansiktet til Siddhartha så han ingen skjelving
his eyes were fixed on a distant spot
øynene hans var festet på et fjernt sted
This was when his father realized
Det var da faren innså det
even now Siddhartha no longer dwelt with him in his home
selv nå bodde Siddhartha ikke lenger sammen med ham i hans hjem
he saw that he had already left him
han så at han allerede hadde forlatt ham
The Father touched Siddhartha's shoulder
Faderen rørte ved Siddharthas skulder
"You will," he spoke, "go into the forest and be a Samana"
"Du vil," sa han, "gå inn i skogen og være en Samana"
"When you find blissfulness in the forest, come back"
"Når du finner lykke i skogen, kom tilbake"
"come back and teach me to be blissful"
"kom tilbake og lær meg å være salig"
"If you find disappointment, then return"
"Hvis du finner skuffelse, så kom tilbake"
"return and let us make offerings to the gods together, again"
"gå tilbake og la oss ofre til gudene sammen igjen"
"Go now and kiss your mother"
"Gå nå og kyss moren din"
"tell her where you are going"
"fortell henne hvor du skal"
"But for me it is time to go to the river"
"Men for meg er det på tide å gå til elven"
"it is my time to perform the first ablution"
"det er min tid til å utføre den første vasken"
He took his hand from the shoulder of his son, and went outside

Han tok hånden fra skulderen til sønnen sin og gikk ut
Siddhartha wavered to the side as he tried to walk
Siddhartha vinket til siden mens han prøvde å gå
He put his limbs back under control and bowed to his father
Han satte lemmene tilbake under kontroll og bøyde seg for faren
he went to his mother to do as his father had said
han gikk til moren sin for å gjøre som faren hadde sagt
As he slowly left on stiff legs a shadow rose near the last hut
Da han sakte dro på stive ben, steg en skygge nær den siste hytta
who had crouched there, and joined the pilgrim?
hvem hadde huket seg der og sluttet seg til pilegrimen?
"Govinda, you have come" said Siddhartha and smiled
"Govinda, du har kommet" sa Siddhartha og smilte
"I have come," said Govinda
"Jeg har kommet," sa Govinda

With the Samanas
Med Samanas

In the evening of this day they caught up with the ascetics
Om kvelden denne dagen tok de igjen asketene
the ascetics; the skinny Samanas
asketene; de magre Samanas
they offered them their companionship and obedience
de tilbød dem deres selskap og lydighet
Their companionship and obedience were accepted
Deres selskap og lydighet ble akseptert
Siddhartha gave his garments to a poor Brahman in the street
Siddhartha ga klærne sine til en fattig brahman på gaten
He wore nothing more than a loincloth and earth-coloured, unsown cloak
Han hadde ikke noe annet på seg enn et lendeklede og en jordfarget, usådd kappe
He ate only once a day, and never anything cooked
Han spiste bare en gang om dagen, og aldri noe tilberedt
He fasted for fifteen days, he fasted for twenty-eight days
Han fastet i femten dager, han fastet i tjueåtte dager
The flesh waned from his thighs and cheeks
Kjøttet avtok fra lårene og kinnene hans
Feverish dreams flickered from his enlarged eyes
Feberlige drømmer flimret fra hans forstørrede øyne
long nails grew slowly on his parched fingers
lange negler vokste sakte på de uttørrede fingrene hans
and a dry, shaggy beard grew on his chin
og et tørt, raggete skjegg vokste på haken hans
His glance turned to ice when he encountered women
Blikket hans ble til is da han møtte kvinner
he walked through a city of nicely dressed people
han gikk gjennom en by med pent kledde mennesker
his mouth twitched with contempt for them
munnen hans rykket av forakt for dem

He saw merchants trading and princes hunting
Han så kjøpmenn som handlet og fyrster jakte
he saw mourners wailing for their dead
han så sørgende jamre over sine døde
and he saw whores offering themselves
og han så horer som ofret seg
physicians trying to help the sick
leger som prøver å hjelpe syke
priests determining the most suitable day for seeding
prester som bestemmer den best egnede dagen for såing
lovers loving and mothers nursing their children
elskere som elsker og mødre som ammer barna sine
and all of this was not worthy of one look from his eyes
og alt dette var ikke verdig ett blikk fra hans øyne
it all lied, it all stank, it all stank of lies
alt løy, alt stank, alt stank av løgn
it all pretended to be meaningful and joyful and beautiful
det hele lot som om det var meningsfylt og gledelig og vakkert
and it all was just concealed putrefaction
og det hele var bare skjult forråtnelse
the world tasted bitter; life was torture
verden smakte bittert; livet var tortur

A single goal stood before Siddhartha
Et enkelt mål sto foran Siddhartha
his goal was to become empty
målet hans var å bli tom
his goal was to be empty of thirst
målet hans var å være tom for tørst
empty of wishing and empty of dreams
tom for ønsker og tom for drømmer
empty of joy and sorrow
tom for glede og sorg
his goal was to be dead to himself
målet hans var å være død for seg selv
his goal was not to be a self any more

målet hans var ikke å være et selv lenger
his goal was to find tranquillity with an emptied heart
hans mål var å finne ro med et tømt hjerte
his goal was to be open to miracles in unselfish thoughts
hans mål var å være åpen for mirakler i uselviske tanker
to achieve this was his goal
å oppnå dette var hans mål
when all of his self was overcome and had died
da hele hans selv var overvunnet og hadde dødd
when every desire and every urge was silent in the heart
da hvert ønske og hver trang var stille i hjertet
then the ultimate part of him had to awake
da måtte den ultimate delen av ham våkne
the innermost of his being, which is no longer his self
det innerste i hans vesen, som ikke lenger er hans selv
this was the great secret
dette var den store hemmeligheten

Silently, Siddhartha exposed himself to the burning rays of the sun
Stille eksponerte Siddhartha seg for de brennende solstrålene
he was glowing with pain and he was glowing with thirst
han glødet av smerte og han glødet av tørst
and he stood there until he neither felt pain nor thirst
og han stod der til han verken kjente smerte eller tørst
Silently, he stood there in the rainy season
Stille sto han der i regntiden
from his hair the water was dripping over freezing shoulders
fra håret hans dryppet vannet over iskalde skuldre
the water was dripping over his freezing hips and legs
vannet dryppet over hans iskalde hofter og ben
and the penitent stood there
og den angrende sto der
he stood there until he could not feel the cold any more
han stod der til han ikke kjente kulden mer

he stood there until his body was silent
han sto der til kroppen hans ble stille
he stood there until his body was quiet
han sto der til kroppen ble stille
Silently, he cowered in the thorny bushes
Stille krøp han sammen i de tornede buskene
blood dripped from the burning skin
blod dryppet fra den brennende huden
blood dripped from festering wounds
blod dryppet fra festende sår
and Siddhartha stayed rigid and motionless
og Siddhartha forble stiv og ubevegelig
he stood until no blood flowed any more
han ble stående til det ikke rant mer blod
he stood until nothing stung any more
han ble stående til ingenting svi lenger
he stood until nothing burned any more
han ble stående til ingenting brant lenger
Siddhartha sat upright and learned to breathe sparingly
Siddhartha satt oppreist og lærte å puste sparsomt
he learned to get along with few breaths
han lærte å komme overens med få pust
he learned to stop breathing
han lærte å slutte å puste
He learned, beginning with the breath, to calm the beating of his heart
Han lærte, begynnende med pusten, å roe ned hjertebanken
he learned to reduce the beats of his heart
han lærte å redusere hjerteslagene
he meditated until his heartbeats were only a few
han mediterte til hjerteslagene var bare noen få
and then his heartbeats were almost none
og så var hjerteslagene hans nesten ingen
Instructed by the oldest of the Samanas, Siddhartha practised self-denial

Instruert av den eldste av Samanaene, praktiserte Siddhartha
selvfornektelse
he practised meditation, according to the new Samana rules
han praktiserte meditasjon, i henhold til de nye Samana-
reglene
A heron flew over the bamboo forest
En hegre fløy over bambusskogen
Siddhartha accepted the heron into his soul
Siddhartha aksepterte hegre i sjelen hans
he flew over forest and mountains
han fløy over skog og fjell
he was a heron, he ate fish
han var en hegre, han spiste fisk
he felt the pangs of a heron's hunger
han kjente smertene av en hegres sult
he spoke the heron's croak
han snakket hegres kvekke
he died a heron's death
han døde en hegredød
A dead jackal was lying on the sandy bank
En død sjakal lå på sandbredden
Siddhartha's soul slipped inside the body of the dead jackal
Siddharthas sjel gled inn i kroppen til den døde sjakalen
he was the dead jackal laying on the banks and bloated
han var den døde sjakalen som lå på bredden og oppsvulmet
he stank and decayed and was dismembered by hyenas
han stank og råtnet og ble partert av hyener
he was skinned by vultures and turned into a skeleton
han ble flådd av gribber og forvandlet til et skjelett
he was turned to dust and blown across the fields
han ble forvandlet til støv og blåst over jordene
And Siddhartha's soul returned
Og Siddharthas sjel kom tilbake
it had died, decayed, and was scattered as dust
den hadde dødd, forfalt og ble spredt som støv
it had tasted the gloomy intoxication of the cycle

den hadde smakt syklusens dystre rus
it awaited with a new thirst, like a hunter in the gap
den ventet med ny tørst, som en jeger i gapet
in the gap where he could escape from the cycle
i gapet der han kunne rømme fra syklusen
in the gap where an eternity without suffering began
i gapet der en evighet uten lidelse begynte
he killed his senses and his memory
han drepte sansene og minnet
he slipped out of his self into thousands of other forms
han gled ut av seg selv til tusenvis av andre former
he was an animal, a carrion, a stone
han var et dyr, et ådsel, en stein
he was wood and water
han var ved og vann
and he awoke every time to find his old self again
og han våknet hver gang for å finne sitt gamle jeg igjen
whether sun or moon, he was his self again
enten sol eller måne, han var seg selv igjen
he turned round in the cycle
han snudde seg i syklusen
he felt thirst, overcame the thirst, felt new thirst
han kjente tørst, overvant tørsten, kjente ny tørst

Siddhartha learned a lot when he was with the Samanas
Siddhartha lærte mye da han var sammen med Samanas
he learned many ways leading away from the self
han lærte mange måter å lede bort fra selvet
he learned how to let go
han lærte å gi slipp
He went the way of self-denial by means of pain
Han gikk veien til selvfornektelse ved hjelp av smerte
he learned self-denial through voluntarily suffering and overcoming pain
han lærte selvfornektelse gjennom frivillig lidelse og overvinne smerte

he overcame hunger, thirst, and tiredness
han overvant sult, tørst og tretthet
He went the way of self-denial by means of meditation
Han gikk veien til selvfornektelse ved hjelp av meditasjon
he went the way of self-denial through imagining the mind to be void of all conceptions
han gikk veien til selvfornektelse gjennom å forestille seg at sinnet var tomt for alle forestillinger
with these and other ways he learned to let go
med disse og andre måter lærte han å gi slipp på
a thousand times he left his self
tusen ganger forlot han seg selv
for hours and days he remained in the non-self
i timer og dager forble han i ikke-jeget
all these ways led away from the self
alle disse måtene ledet bort fra jeget
but their path always led back to the self
men deres vei førte alltid tilbake til jeget
Siddhartha fled from the self a thousand times
Siddhartha flyktet fra jeget tusen ganger
but the return to the self was inevitable
men returen til jeget var uunngåelig
although he stayed in nothingness, coming back was inevitable
selv om han ble i ingenting, var det uunngåelig å komme tilbake
although he stayed in animals and stones, coming back was inevitable
selv om han oppholdt seg i dyr og steiner, var det uunngåelig å komme tilbake
he found himself in the sunshine or in the moonlight again
han befant seg i solskinnet eller i måneskinnet igjen
he found himself in the shade or in the rain again
han befant seg i skyggen eller i regnet igjen
and he was once again his self; Siddhartha
og han var igjen seg selv; Siddhartha

and again he felt the agony of the cycle which had been forced upon him
og igjen kjente han smerten i syklusen som var blitt påtvunget ham

by his side lived Govinda, his shadow
ved hans side bodde Govinda, hans skygge
Govinda walked the same path and undertook the same efforts
Govinda gikk samme vei og påtok seg den samme innsatsen
they spoke to one another no more than the exercises required
de snakket ikke mer til hverandre enn øvelsene som kreves
occasionally the two of them went through the villages
av og til dro de to gjennom landsbyene
they went to beg for food for themselves and their teachers
de gikk for å tigge mat til seg selv og lærerne sine
"How do you think we have progressed, Govinda" he asked
"Hvordan tror du vi har kommet videre, Govinda," spurte han
"Did we reach any goals?" Govinda answered
– Nådde vi noen mål? svarte Govinda
"We have learned, and we'll continue learning"
"Vi har lært, og vi vil fortsette å lære"
"You'll be a great Samana, Siddhartha"
"Du vil bli en flott Samana, Siddhartha"
"Quickly, you've learned every exercise"
"Du har raskt lært hver øvelse"
"often, the old Samanas have admired you"
"ofte har de gamle Samanaene beundret deg"
"One day, you'll be a holy man, oh Siddhartha"
"En dag vil du være en hellig mann, å Siddhartha"
Spoke Siddhartha, "I can't help but feel that it is not like this, my friend"
Siddhartha sa: "Jeg kan ikke unngå å føle at det ikke er slik, min venn"

"What I've learned being among the Samanas could have been learned more quickly"
"Det jeg har lært å være blant Samanaene kunne ha blitt lært raskere"
"it could have been learned by simpler means"
"det kunne vært lært på enklere måter"
"it could have been learned in any tavern"
"det kunne vært lært på hvilken som helst taverna"
"it could have been learned where the whorehouses are"
"det kunne ha blitt lært hvor horehusene er"
"I could have learned it among carters and gamblers"
"Jeg kunne ha lært det blant vognmenn og gamblere"
Spoke Govinda, "Siddhartha is joking with me"
Govinda sa: "Siddhartha tuller med meg"
"How could you have learned meditation among wretched people?"
"Hvordan kunne du ha lært meditasjon blant elendige mennesker?"
"how could whores have taught you about holding your breath?"
"hvordan kunne horer ha lært deg om å holde pusten?"
"how could gamblers have taught you insensitivity against pain?"
"hvordan kunne gamblere ha lært deg ufølsomhet mot smerte?"
Siddhartha spoke quietly, as if he was talking to himself
Siddhartha snakket stille, som om han snakket til seg selv
"What is meditation?"
"Hva er meditasjon?"
"What is leaving one's body?"
"Hva er det som forlater ens kropp?"
"What is fasting?"
"Hva er faste?"
"What is holding one's breath?"
"Hva er det som holder pusten?"
"It is fleeing from the self"

"Det flykter fra jeget"
"it is a short escape of the agony of being a self"
"det er en kort flukt fra smerten ved å være et selv"
"it is a short numbing of the senses against the pain"
"det er en kort bedøvelse av sansene mot smerten"
"it is avoiding the pointlessness of life"
"det er å unngå meningsløsheten i livet"
"The same numbing is what the driver of an ox-cart finds in the inn"
"Den samme bedøvelsen er hva sjåføren av en oksekjerre finner i vertshuset"
"drinking a few bowls of rice-wine or fermented coconut-milk"
"drikke noen skåler med risvin eller fermentert kokosmelk"
"Then he won't feel his self anymore"
"Da vil han ikke føle seg selv lenger"
"then he won't feel the pains of life anymore"
"da vil han ikke føle livets smerte lenger"
"then he finds a short numbing of the senses"
"da finner han en kort bedøvelse av sansene"
"When he falls asleep over his bowl of rice-wine, he'll find the same what we find"
"Når han sovner over skålen med risvin, vil han finne det samme som vi finner"
"he finds what we find when we escape our bodies through long exercises"
"han finner det vi finner når vi slipper unna kroppen gjennom lange øvelser"
"all of us are staying in the non-self"
"alle av oss forblir i ikke-selvet"
"This is how it is, oh Govinda"
"Slik er det, å Govinda"
Spoke Govinda, "You say so, oh friend"
Sa Govinda, "Du sier det, å venn"
"and yet you know that Siddhartha is no driver of an ox-cart"
"og likevel vet du at Siddhartha ikke er fører av en oksekjerre"

"and you know a Samana is no drunkard"
"og du vet at en Samana ikke er fylliker"
"it's true that a drinker numbs his senses"
"det er sant at en drikker bedøver sansene"
"it's true that he briefly escapes and rests"
"det er sant at han kort rømmer og hviler"
"but he'll return from the delusion and finds everything to be unchanged"
"men han kommer tilbake fra villfarelsen og finner at alt er uforandret"
"he has not become wiser"
"han er ikke blitt klokere"
"he has gathered any enlightenment"
"han har samlet noen opplysning"
"he has not risen several steps"
"han har ikke reist seg flere trinn"
And Siddhartha spoke with a smile
Og Siddhartha snakket med et smil
"I do not know, I've never been a drunkard"
"Jeg vet ikke, jeg har aldri vært en fylliker"
"I know that I find only a short numbing of the senses"
"Jeg vet at jeg bare finner en kort bedøvelse av sansene"
"I find it in my exercises and meditations"
"Jeg finner det i mine øvelser og meditasjoner"
"and I find I am just as far removed from wisdom as a child in the mother's womb"
"og jeg finner at jeg er like langt fra visdom som et barn i mors liv"
"this I know, oh Govinda"
"dette vet jeg, å Govinda"

And once again, another time, Siddhartha began to speak
Og nok en gang, en annen gang, begynte Siddhartha å snakke
Siddhartha had left the forest, together with Govinda
Siddhartha hadde forlatt skogen, sammen med Govinda
they left to beg for some food in the village

de dro for å tigge litt mat i landsbyen
he said, "What now, oh Govinda?"
han sa: "Hva nå, å Govinda?"
"are we on the right path?"
"er vi på rett vei?"
"are we getting closer to enlightenment?"
"er vi nærmere opplysning?"
"are we getting closer to salvation?"
"er vi nærmere frelsen?"
"Or do we perhaps live in a circle?"
"Eller lever vi kanskje i ring?"
"we, who have thought we were escaping the cycle"
"vi, som har trodd vi unnslipper syklusen"
Spoke Govinda, "We have learned a lot"
Govinda sa: "Vi har lært mye"
"Siddhartha, there is still much to learn"
"Siddhartha, det er fortsatt mye å lære"
"We are not going around in circles"
"Vi går ikke rundt i sirkler"
"we are moving up; the circle is a spiral"
"vi beveger oss opp; sirkelen er en spiral"
"we have already ascended many levels"
"vi har allerede steget mange nivåer"
Siddhartha answered, "How old would you think our oldest Samana is?"
Siddhartha svarte: "Hvor gammel vil du tro at vår eldste Samana er?"
"how old is our venerable teacher?"
"hvor gammel er vår ærverdige lærer?"
Spoke Govinda, "Our oldest one might be about sixty years of age"
Govinda sa: "Vår eldste kan være rundt seksti år gammel"
Spoke Siddhartha, "He has lived for sixty years"
Siddhartha sa: "Han har levd i seksti år"
"and yet he has not reached the nirvana"
"og likevel har han ikke nådd nirvana"

"**He'll turn seventy and eighty**"
"Han blir sytti og åtti"
"**you and me, we will grow just as old as him**"
"du og jeg, vi blir like gamle som ham"
"**and we will do our exercises**"
"og vi skal gjøre øvelsene våre"
"**and we will fast, and we will meditate**"
"og vi vil faste, og vi vil meditere"
"**But we will not reach the nirvana**"
"Men vi vil ikke nå nirvana"
"**he won't reach nirvana and we won't**"
"han vil ikke nå nirvana og vi vil ikke"
"**there are uncountable Samanas out there**"
"det er utallige Samanas der ute"
"**perhaps not a single one will reach the nirvana**"
"kanskje ikke en eneste vil nå nirvana"
"**We find comfort, we find numbness, we learn feats**"
"Vi finner trøst, vi finner nummenhet, vi lærer bragder"
"**we learn these things to deceive others**"
"vi lærer disse tingene for å lure andre"
"**But the most important thing, the path of paths, we will not find**"
"Men det viktigste, stienes vei, vil vi ikke finne"
Spoke Govinda "If you only wouldn't speak such terrible words, Siddhartha!"
Sa Govinda "Hvis du bare ikke ville si slike forferdelige ord, Siddhartha!"
"**there are so many learned men**"
"det er så mange lærde menn"
"**how could not one of them not find the path of paths?**"
"hvordan kunne ikke en av dem ikke finne veien til stier?"
"**how can so many Brahmans not find it?**"
"hvordan kan så mange brahmaner ikke finne det?"
"**how can so many austere and venerable Samanas not find it?**"

"hvordan kan så mange strenge og ærverdige Samanas ikke finne det?"
"how can all those who are searching not find it?"
"hvordan kan alle de som leter ikke finne det?"
"how can the holy men not find it?"
"hvordan kan de hellige menn ikke finne det?"
But Siddhartha spoke with as much sadness as mockery
Men Siddhartha snakket med like mye tristhet som hån
he spoke with a quiet, a slightly sad, a slightly mocking voice
han snakket med en stille, litt trist, litt hånende stemme
"Soon, Govinda, your friend will leave the path of the Samanas"
"Snart, Govinda, vil vennen din forlate Samanas vei"
"he has walked along your side for so long"
"han har gått langs siden din så lenge"
"I'm suffering of thirst"
"Jeg lider av tørst"
"on this long path of a Samana, my thirst has remained as strong as ever"
"på denne lange veien til en Samana har tørsten min holdt seg like sterk som alltid"
"I always thirsted for knowledge"
"Jeg har alltid tørst etter kunnskap"
"I have always been full of questions"
"Jeg har alltid vært full av spørsmål"
"I have asked the Brahmans, year after year"
"Jeg har spurt brahmanene, år etter år"
"and I have asked the holy Vedas, year after year"
"og jeg har spurt de hellige vedaene, år etter år"
"and I have asked the devoted Samanas, year after year"
"og jeg har spurt de hengivne Samanas, år etter år"
"perhaps I could have learned it from the hornbill bird"
"kanskje jeg kunne ha lært det av hornfuglen"
"perhaps I should have asked the chimpanzee"
"kanskje jeg burde ha spurt sjimpansen"

"It took me a long time"
"Det tok meg lang tid"
"and I am not finished learning this yet"
"og jeg er ikke ferdig med å lære dette ennå"
"oh Govinda, I have learned that there is nothing to be learned!"
"å Govinda, jeg har lært at det ikke er noe å lære!"
"There is indeed no such thing as learning"
"Det er faktisk ikke noe slikt som å lære"
"There is just one knowledge"
"Det er bare én kunnskap"
"this knowledge is everywhere, this is Atman"
"denne kunnskapen er overalt, dette er Atman"
"this knowledge is within me and within you"
"denne kunnskapen er i meg og i deg"
"and this knowledge is within every creature"
"og denne kunnskapen er i hver skapning"
"this knowledge has no worse enemy than the desire to know it"
"denne kunnskapen har ingen verre fiende enn ønsket om å kjenne den"
"that is what I believe"
"det er det jeg tror"
At this, Govinda stopped on the path
Ved dette stoppet Govinda på stien
he rose his hands, and spoke
han løftet hendene og snakket
"If only you would not bother your friend with this kind of talk"
"Hvis du bare ikke ville plage vennen din med denne typen prat"
"Truly, your words stir up fear in my heart"
"Sannelig, ordene dine vekker frykt i hjertet mitt"
"consider, what would become of the sanctity of prayer?"
"Tenk på, hva ville bli av bønnens hellighet?"

"what would become of the venerability of the Brahmans' caste?"
"hva ville bli av ærverdigheten til brahmanenes kaste?"
"what would happen to the holiness of the Samanas?
"hva ville skje med helligheten til Samanas?
"What would then become of all of that is holy"
"Hva skulle det bli av alt det som er hellig"
"what would still be precious?"
"hva ville fortsatt være dyrebart?"
And Govinda mumbled a verse from an Upanishad to himself
Og Govinda mumlet et vers fra en Upanishad for seg selv
"He who ponderingly, of a purified spirit, loses himself in the meditation of Atman"
"Den som grunnende, av en renset ånd, mister seg selv i Atmans meditasjon"
"inexpressible by words is the blissfulness of his heart"
"uuttrykkelig med ord er hans hjertes salighet"
But Siddhartha remained silent
Men Siddhartha forble taus
He thought about the words which Govinda had said to him
Han tenkte på ordene som Govinda hadde sagt til ham
and he thought the words through to their end
og han tenkte ordene til slutt
he thought about what would remain of all that which seemed holy
han tenkte på hva som skulle bli igjen av alt det som virket hellig
What remains? What can stand the test?
Hva gjenstår? Hva tåler testen?
And he shook his head
Og han ristet på hodet

the two young men had lived among the Samanas for about three years

de to unge mennene hadde bodd blant Samanaene i omtrent tre år
some news, a rumour, a myth reached them
noen nyheter, et rykte, en myte nådde dem
the rumour had been retold many times
ryktet var blitt gjenfortalt mange ganger
A man had appeared, Gotama by name
En mann hadde dukket opp, Gotama ved navn
the exalted one, the Buddha
den opphøyde, Buddha
he had overcome the suffering of the world in himself
han hadde overvunnet verdens lidelse i seg selv
and he had halted the cycle of rebirths
og han hadde stoppet syklusen av gjenfødsler
He was said to wander through the land, teaching
Han ble sagt å vandre gjennom landet og undervise
he was said to be surrounded by disciples
det ble sagt at han var omgitt av disipler
he was said to be without possession, home, or wife
han ble sagt å være uten eiendom, hjem eller kone
he was said to be in just the yellow cloak of an ascetic
han ble sagt å være i bare den gule kappen til en asket
but he was with a cheerful brow
men han var med en munter panne
and he was said to be a man of bliss
og han ble sagt å være en salig mann
Brahmans and princes bowed down before him
Brahmaner og prinser bøyde seg for ham
and they became his students
og de ble hans elever
This myth, this rumour, this legend resounded
Denne myten, dette ryktet, denne legenden runget
its fragrance rose up, here and there, in the towns
dens duft steg opp, her og der, i byene
the Brahmans spoke of this legend
brahmanene snakket om denne legenden

and in the forest, the Samanas spoke of it
og i skogen snakket Samanaene om det
again and again, the name of Gotama the Buddha reached the ears of the young men
igjen og igjen nådde navnet til Buddha Gotama ørene til de unge mennene
there was good and bad talk of Gotama
det var godt og dårlig snakk om Gotama
some praised Gotama, others defamed him
noen berømmet Gotama, andre ærekrenket ham
It was as if the plague had broken out in a country
Det var som om pesten hadde brutt ut i et land
news had been spreading around that in one or another place there was a man
det hadde spredd seg nyheter om at det var en mann et eller annet sted
a wise man, a knowledgeable one
en klok mann, en kunnskapsrik en
a man whose word and breath was enough to heal everyone
en mann hvis ord og pust var nok til å helbrede alle
his presence could heal anyone who had been infected with the pestilence
hans nærvær kunne helbrede alle som hadde blitt smittet med pesten
such news went through the land, and everyone would talk about it
slike nyheter gikk gjennom landet, og alle ville snakke om det
many believed the rumours, many doubted them
mange trodde på ryktene, mange tvilte på dem
but many got on their way as soon as possible
men mange kom på vei så fort som mulig
they went to seek the wise man, the helper
de gikk for å søke den vise mannen, hjelperen
the wise man of the family of Sakya
den vise mannen i familien Sakya

He possessed, so the believers said, the highest enlightenment
Han hadde, sa de troende, den høyeste opplysning
he remembered his previous lives; he had reached the nirvana
han husket sine tidligere liv; han hadde nådd nirvana
and he never returned into the cycle
og han kom aldri tilbake i syklusen
he was never again submerged in the murky river of physical forms
han ble aldri mer nedsenket i den skumle elven av fysiske former
Many wonderful and unbelievable things were reported of him
Mange fantastiske og utrolige ting ble rapportert om ham
he had performed miracles
han hadde utført mirakler
he had overcome the devil
han hadde overvunnet djevelen
he had spoken to the gods
han hadde talt til gudene
But his enemies and disbelievers said Gotama was a vain seducer
Men hans fiender og vantro sa at Gotama var en forfengelig forfører
they said he spent his days in luxury
de sa at han tilbrakte dagene i luksus
they said he scorned the offerings
de sa at han foraktet ofringene
they said he was without learning
de sa at han var uten å lære
they said he knew neither meditative exercises nor self-castigation
de sa at han verken kunne meditative øvelser eller selvkastigering
The myth of Buddha sounded sweet

Myten om Buddha hørtes søt ut
The scent of magic flowed from these reports
Duften av magi strømmet ut fra disse rapportene
After all, the world was sick, and life was hard to bear
Tross alt var verden syk, og livet var vanskelig å bære
and behold, here a source of relief seemed to spring forth
og se, her syntes det å dukke opp en kilde til lettelse
here a messenger seemed to call out
her så det ut til at en budbringer ropte
comforting, mild, full of noble promises
trøstende, mild, full av edle løfter
Everywhere where the rumour of Buddha was heard, the young men listened up
Overalt hvor ryktet om Buddha ble hørt, lyttet de unge mennene opp
everywhere in the lands of India they felt a longing
overalt i Indias land kjente de en lengsel
everywhere where the people searched, they felt hope
overalt der folket søkte, følte de håp
every pilgrim and stranger was welcome when he brought news of him
hver pilegrim og fremmed var velkommen når han brakte nyheter om ham
the exalted one, the Sakyamuni
den opphøyde, Sakyamuni
The myth had also reached the Samanas in the forest
Myten hadde også nådd Samanas i skogen
and Siddhartha and Govinda heard the myth too
og Siddhartha og Govinda hørte også myten
slowly, drop by drop, they heard the myth
sakte, dråpe for dråpe, hørte de myten
every drop was laden with hope
hver dråpe var lastet med håp
every drop was laden with doubt
hver dråpe var lastet med tvil
They rarely talked about it

De snakket sjelden om det
because the oldest one of the Samanas did not like this myth
fordi den eldste av Samanaene ikke likte denne myten
he had heard that this alleged Buddha used to be an ascetic
han hadde hørt at denne påståtte Buddha pleide å være en asket
he heard he had lived in the forest
han hørte at han hadde bodd i skogen
but he had turned back to luxury and worldly pleasures
men han hadde vendt tilbake til luksus og verdslige nytelser
and he had no high opinion of this Gotama
og han hadde ingen høy oppfatning av denne Gotama

"Oh Siddhartha," Govinda spoke one day to his friend
"Å, Siddhartha," snakket Govinda en dag til vennen sin
"Today, I was in the village"
"I dag var jeg i landsbyen"
"and a Brahman invited me into his house"
"og en brahman inviterte meg inn i huset sitt"
"and in his house, there was the son of a Brahman from Magadha"
"og i huset hans var det sønnen til en brahman fra Magadha"
"he has seen the Buddha with his own eyes"
"han har sett Buddha med sine egne øyne"
"and he has heard him teach"
"og han har hørt ham lære"
"Verily, this made my chest ache when I breathed"
"Sannelig, dette gjorde at jeg fikk vondt i brystet når jeg pustet"
"and I thought this to myself:"
"og jeg tenkte dette for meg selv:"
"if only we heard the teachings from the mouth of this perfected man!"
"hvis vi bare hørte læren fra denne fullkomne mannens munn!"
"Speak, friend, wouldn't we want to go there too"

"Snakk, venn, ville vi ikke dra dit også"
"wouldn't it be good to listen to the teachings from the Buddha's mouth?"
"Ville det ikke være bra å lytte til læren fra Buddhas munn?"
Spoke Siddhartha, "I had thought you would stay with the Samanas"
Siddhartha sa: "Jeg hadde trodd du ville bli hos Samanas"
"I always had believed your goal was to live to be seventy"
"Jeg har alltid trodd målet ditt var å leve til du blir sytti"
"I thought you would keep practising those feats and exercises"
"Jeg trodde du ville fortsette å øve på de bragdene og øvelsene"
"and I thought you would become a Samana"
"og jeg trodde du skulle bli en Samana"
"But behold, I had not known Govinda well enough"
"Men se, jeg hadde ikke kjent Govinda godt nok"
"I knew little of his heart"
"Jeg visste lite om hjertet hans"
"So now you want to take a new path"
"Så nå vil du ta en ny vei"
"and you want to go there where the Buddha spreads his teachings"
"og du vil dra dit hvor Buddha sprer læren sin"
Spoke Govinda, "You're mocking me"
Govinda sa: "Du håner meg"
"Mock me if you like, Siddhartha!"
"Hån meg hvis du vil, Siddhartha!"
"But have you not also developed a desire to hear these teachings?"
"Men har du ikke også utviklet et ønske om å høre denne læren?"
"have you not said you would not walk the path of the Samanas for much longer?"
"har du ikke sagt at du ikke ville gå Samanas vei på mye lenger?"

At this, Siddhartha laughed in his very own manner
Av dette lo Siddhartha på sin helt egen måte
the manner in which his voice assumed a touch of sadness
måten stemmen hans antok et snev av tristhet
but it still had that touch of mockery
men den hadde fortsatt et snev av hån
Spoke Siddhartha, "Govinda, you've spoken well"
Siddhartha sa: "Govinda, du har snakket bra"
"you've remembered correctly what I said"
"du har husket riktig hva jeg sa"
"If only you remembered the other thing you've heard from me"
"Hvis du bare husket det andre du har hørt fra meg"
"I have grown distrustful and tired against teachings and learning"
"Jeg har blitt mistroisk og sliten mot lære og læring"
"my faith in words, which are brought to us by teachers, is small"
"min tro på ord, som blir brakt til oss av lærere, er liten"
"But let's do it, my dear"
"Men la oss gjøre det, min kjære"
"I am willing to listen to these teachings"
"Jeg er villig til å lytte til denne læren"
"though in my heart I do not have hope"
"selv om jeg ikke har håp i mitt hjerte"
"I believe that we've already tasted the best fruit of these teachings"
"Jeg tror at vi allerede har smakt den beste frukten av denne læren"
Spoke Govinda, "Your willingness delights my heart"
Govinda sa: "Din villighet gleder mitt hjerte"
"But tell me, how should this be possible?"
"Men si meg, hvordan skal dette være mulig?"
"How can the Gotama's teachings have already revealed their best fruit to us?"

"Hvordan kan Gotamas lære allerede ha åpenbart sin beste frukt for oss?"
"we have not heard his words yet"
"vi har ikke hørt hans ord ennå"
Spoke Siddhartha, "Let us eat this fruit"
Siddhartha sa: "La oss spise denne frukten"
"and let us wait for the rest, oh Govinda!"
"og la oss vente på resten, å Govinda!"
"But this fruit consists in him calling us away from the Samanas"
"Men denne frukten består i at han kaller oss bort fra Samanas"
"and we have already received it thanks to the Gotama!"
"og vi har allerede mottatt den takket være Gotama!"
"Whether he has more, let us await with calm hearts"
"Om han har mer, la oss vente med rolige hjerter"

On this very same day Siddhartha spoke to the oldest Samana
På samme dag snakket Siddhartha med den eldste Samana
he told him of his decision to leaves the Samanas
han fortalte ham om hans beslutning om å forlate Samanas
he informed the oldest one with courtesy and modesty
han informerte den eldste med høflighet og beskjedenhet
but the Samana became angry that the two young men wanted to leave him
men Samana ble sint over at de to unge mennene ville forlate ham
and he talked loudly and used crude words
og han snakket høyt og brukte grove ord
Govinda was startled and became embarrassed
Govinda ble forskrekket og ble flau
But Siddhartha put his mouth close to Govinda's ear
Men Siddhartha la munnen tett inntil Govindas øre
"Now, I want to show the old man what I've learned from him"

"Nå vil jeg vise den gamle mannen hva jeg har lært av ham"
Siddhartha positioned himself closely in front of the Samana
Siddhartha plasserte seg tett foran Samana
with a concentrated soul, he captured the old man's glance
med en konsentrert sjel fanget han den gamle mannens blikk
he deprived him of his power and made him mute
han fratok ham makten og gjorde ham stum
he took away his free will
han tok fra seg sin frie vilje
he subdued him under his own will, and commanded him
han undertrykte ham etter hans egen vilje og befalte ham
his eyes became motionless, and his will was paralysed
øynene hans ble urørlige, og viljen hans ble lammet
his arms were hanging down without power
armene hans hang ned uten strøm
he had fallen victim to Siddhartha's spell
han hadde blitt offer for Siddharthas trolldom
Siddhartha's thoughts brought the Samana under their control
Siddharthas tanker brakte Samana under deres kontroll
he had to carry out what they commanded
han måtte utføre det de befalte
And thus, the old man made several bows
Og dermed laget den gamle mannen flere buer
he performed gestures of blessing
han utførte velsignelsesgester
he spoke stammeringly a godly wish for a good journey
han talte stammende et gudsønske om en god reise
the young men returned the good wishes with thanks
de unge mennene returnerte lykkeønskningene med takk
they went on their way with salutations
de gikk sin vei med hilsener
On the way, Govinda spoke again
På veien snakket Govinda igjen

"Oh Siddhartha, you have learned more from the Samanas than I knew"
"Å, Siddhartha, du har lært mer av Samanas enn jeg visste"
"It is very hard to cast a spell on an old Samana"
"Det er veldig vanskelig å fortrylle en gammel Samana"
"Truly, if you had stayed there, you would soon have learned to walk on water"
"Virkelig, hvis du hadde bodd der, ville du snart ha lært å gå på vannet"
"I do not seek to walk on water" said Siddhartha
"Jeg søker ikke å gå på vannet," sa Siddhartha
"Let old Samanas be content with such feats!"
"La gamle Samanas være fornøyd med slike bragder!"

Gotama

In Savathi, every child knew the name of the exalted Buddha
I Savathi kjente hvert barn navnet på den opphøyde Buddha
every house was prepared for his coming
hvert hus var forberedt for hans komme
each house filled the alms-dishes of Gotama's disciples
hvert hus fylte almissefatene til Gotamas disipler
Gotama's disciples were the silently begging ones
Gotamas disipler var de som tigger i stillhet
Near the town was Gotama's favourite place to stay
I nærheten av byen var Gotamas favorittsted å bo
he stayed in the garden of Jetavana
han bodde i hagen til Jetavana
the rich merchant Anathapindika had given the garden to Gotama
den rike kjøpmannen Anathapindika hadde gitt hagen til Gotama
he had given it to him as a gift
han hadde gitt ham den i gave
he was an obedient worshipper of the exalted one
han var en lydig tilbeder av den opphøyde
the two young ascetics had received tales and answers
de to unge asketene hadde fått fortellinger og svar
all these tales and answers pointed them to Gotama's abode
alle disse historiene og svarene pekte dem til Gotamas bolig
they arrived in the town of Savathi
de ankom byen Savathi
they went to the very first door of the town
de gikk til den aller første døren til byen
and they begged for food at the door
og de ba om mat ved døren
a woman offered them food
en kvinne tilbød dem mat
and they accepted the food

og de tok imot maten
Siddhartha asked the woman
spurte Siddhartha kvinnen
"oh charitable one, where does the Buddha dwell?"
"oh veldedige en, hvor bor Buddha?"
"we are two Samanas from the forest"
"vi er to Samanaer fra skogen"
"we have come to see the perfected one"
"vi har kommet for å se den fullkomne"
"we have come to hear the teachings from his mouth"
"vi er kommet for å høre læren fra hans munn"
Spoke the woman, "you Samanas from the forest"
Sa kvinnen, "dere Samanas fra skogen"
"you have truly come to the right place"
"du har virkelig kommet til rett sted"
"you should know, in Jetavana, there is the garden of Anathapindika"
"du burde vite, i Jetavana er det hagen til Anathapindika"
"that is where the exalted one dwells"
"det er der den opphøyde bor"
"there you pilgrims shall spend the night"
"der skal dere pilegrimer overnatte"
"there is enough space for the innumerable, who flock here"
"det er nok plass til de utallige, som strømmer hit"
"they too come to hear the teachings from his mouth"
"de kommer også for å høre læren fra hans munn"
This made Govinda happy, and full of joy
Dette gjorde Govinda glad, og full av glede
he exclaimed, "we have reached our destination"
utbrøt han, "vi har nådd målet vårt"
"our path has come to an end!"
"Vår vei har kommet til en slutt!"
"But tell us, oh mother of the pilgrims"
"Men si oss, å pilegrimenes mor"
"do you know him, the Buddha?"
"Kjenner du ham, Buddha?"

"have you seen him with your own eyes?"
"har du sett ham med egne øyne?"
Spoke the woman, "Many times I have seen him, the exalted one"
Kvinnen sa: "Mange ganger har jeg sett ham, den opphøyde"
"On many days I have seen him"
"I mange dager har jeg sett ham"
"I have seen him walking through the alleys in silence"
"Jeg har sett ham gå gjennom smugene i stillhet"
"I have seen him wearing his yellow cloak"
"Jeg har sett ham ha på seg den gule kappen"
"I have seen him presenting his alms-dish in silence"
"Jeg har sett ham presentere sin almisse i stillhet"
"I have seen him at the doors of the houses"
"Jeg har sett ham ved dørene til husene"
"and I have seen him leaving with a filled dish"
"og jeg har sett ham gå med en fylt tallerken"
Delightedly, Govinda listened to the woman
Fornøyd lyttet Govinda til kvinnen
and he wanted to ask and hear much more
og han ville spørre og høre mye mer
But Siddhartha urged him to walk on
Men Siddhartha oppfordret ham til å gå videre
They thanked the woman and left
De takket kvinnen og dro
they hardly had to ask for directions
de måtte knapt spørre om veibeskrivelse
many pilgrims and monks were on their way to the Jetavana
mange pilegrimer og munker var på vei til Jetavana
they reached it at night, so there were constant arrivals
de nådde det om natten, så det var stadige ankomster
and those who sought shelter got it
og de som søkte ly fikk det
The two Samanas were accustomed to life in the forest
De to Samanaene var vant til livet i skogen

so without making any noise they quickly found a place to stay
så uten å lage noe støy fant de raskt et sted å bo
and they rested there until the morning
og de hvilte der til morgenen

At sunrise, they saw with astonishment the size of the crowd
Ved soloppgang så de med forbauselse størrelsen på folkemengden
a great many number of believers had come
et stort antall troende hadde kommet
and a great number of curious people had spent the night here
og et stort antall nysgjerrige mennesker hadde overnattet her
On all paths of the marvellous garden, monks walked in yellow robes
På alle stier i den fantastiske hagen gikk munker i gule kapper
under the trees they sat here and there, in deep contemplation
under trærne satt de her og der, i dyp kontemplasjon
or they were in a conversation about spiritual matters
eller de var i en samtale om åndelige spørsmål
the shady gardens looked like a city
de skyggefulle hagene så ut som en by
a city full of people, bustling like bees
en by full av mennesker, yrende som bier
The majority of the monks went out with their alms-dish
Flertallet av munkene gikk ut med sin almisse
they went out to collect food for their lunch
de gikk ut for å hente mat til lunsjen
this would be their only meal of the day
dette ville være deres eneste måltid på dagen
The Buddha himself, the enlightened one, also begged in the mornings
Buddha selv, den opplyste, tryglet også om morgenen
Siddhartha saw him, and he instantly recognised him

Siddhartha så ham, og han gjenkjente ham umiddelbart
he recognised him as if a God had pointed him out
han kjente ham igjen som om en Gud hadde pekt ham ut
He saw him, a simple man in a yellow robe
Han så ham, en enkel mann i en gul kappe
he was bearing the alms-dish in his hand, walking silently
han bar almissefatet i hånden og gikk stille
"Look here!" Siddhartha said quietly to Govinda
"Se her!" sa Siddhartha stille til Govinda
"This one is the Buddha"
"Denne er Buddha"
Attentively, Govinda looked at the monk in the yellow robe
Oppmerksomt så Govinda på munken i den gule kappen
this monk seemed to be in no way different from any of the others
denne munken så ut til å ikke være annerledes enn noen av de andre
but soon, Govinda also realized that this is the one
men snart skjønte Govinda også at det var denne
And they followed him and observed him
Og de fulgte ham og så ham
The Buddha went on his way, modestly and deep in his thoughts
Buddha gikk sin vei, beskjedent og dypt i sine tanker
his calm face was neither happy nor sad
hans rolige ansikt var verken glad eller trist
his face seemed to smile quietly and inwardly
ansiktet hans syntes å smile stille og innvendig
his smile was hidden, quiet and calm
smilet hans var skjult, stille og rolig
the way the Buddha walked somewhat resembled a healthy child
måten Buddha gikk på, lignet noe på et sunt barn
he walked just as all of his monks did
han gikk akkurat som alle munkene hans gjorde
he placed his feet according to a precise rule

han plasserte føttene etter en nøyaktig regel
his face and his walk, his quietly lowered glance
ansiktet hans og hans gang, hans stille senkede blikk
his quietly dangling hand, every finger of it
hans stille dinglende hånd, hver finger av den
all these things expressed peace
alle disse tingene uttrykte fred
all these things expressed perfection
alle disse tingene uttrykte perfeksjon
he did not search, nor did he imitate
han søkte ikke, og han etterlignet heller ikke
he softly breathed inwardly an unwhithering calm
han pustet mykt innover seg en uvitende ro
he shone outwardly an unwhithering light
utad lyste han et uvitende lys
he had about him an untouchable peace
han hadde en urørlig fred rundt seg
the two Samanas recognised him solely by the perfection of his calm
de to Samanaene gjenkjente ham utelukkende på grunn av fullkommenheten av hans ro
they recognized him by the quietness of his appearance
de kjente ham igjen på stillheten i hans utseende
the quietness in his appearance in which there was no searching
stillheten i utseendet hans der det ikke var søking
there was no desire, nor imitation
det var ingen lyst, heller ikke etterligning
there was no effort to be seen
det var ingen anstrengelse å bli sett
only light and peace was to be seen in his appearance
bare lys og fred var å se i hans utseende
"Today, we'll hear the teachings from his mouth" said Govinda
"I dag skal vi høre læren fra hans munn," sa Govinda
Siddhartha did not answer

Siddhartha svarte ikke
He felt little curiosity for the teachings
Han følte liten nysgjerrighet for læren
he did not believe that they would teach him anything new
han trodde ikke at de ville lære ham noe nytt
he had heard the contents of this Buddha's teachings again and again
han hadde hørt innholdet i denne Buddhas lære igjen og igjen
but these reports only represented second hand information
men disse rapportene representerte kun annenhåndsinformasjon
But attentively he looked at Gotama's head
Men oppmerksomt så han på Gotamas hode
his shoulders, his feet, his quietly dangling hand
skuldrene, føttene, den stille dinglende hånden
it was as if every finger of this hand was of these teachings
det var som om hver finger på denne hånden var av denne læren
his fingers spoke of truth
fingrene hans snakket om sannhet
his fingers breathed and exhaled the fragrance of truth
fingrene hans pustet og pustet ut sannhetens duft
his fingers glistened with truth
fingrene hans glitret av sannhet
this Buddha was truthful down to the gesture of his last finger
denne Buddha var sannferdig ned til gesten av sin siste finger
Siddhartha could see that this man was holy
Siddhartha kunne se at denne mannen var hellig
Never before, Siddhartha had venerated a person so much
Aldri før hadde Siddhartha æret en person så mye
he had never before loved a person as much as this one
han hadde aldri før elsket en person så høyt som denne
They both followed the Buddha until they reached the town
De fulgte begge Buddha til de nådde byen
and then they returned to their silence

og så vendte de tilbake til stillheten
they themselves intended to abstain on this day
de hadde selv til hensikt å avstå denne dagen
They saw Gotama returning the food that had been given to him
De så Gotama returnere maten som hadde blitt gitt til ham
what he ate could not even have satisfied a bird's appetite
det han spiste kunne ikke engang ha tilfredsstilt en fugls appetitt
and they saw him retiring into the shade of the mango-trees
og de så ham trekke seg tilbake i skyggen av mangotrærne

in the evening the heat had cooled down
om kvelden hadde varmen kjølt seg ned
everyone in the camp started to bustle about and gathered around
alle i leiren begynte å travle og samlet seg rundt
they heard the Buddha teaching, and his voice
de hørte Buddha lære, og hans stemme
and his voice was also perfected
og stemmen hans ble også fullkommen
his voice was of perfect calmness
stemmen hans var av perfekt ro
his voice was full of peace
stemmen hans var full av fred
Gotama taught the teachings of suffering
Gotama lærte læren om lidelse
he taught of the origin of suffering
han lærte om opprinnelsen til lidelse
he taught of the way to relieve suffering
han lærte om måten å lindre lidelse på
Calmly and clearly his quiet speech flowed on
Rolig og tydelig strømmet hans stille tale på
Suffering was life, and full of suffering was the world
Lidelse var livet, og verden var full av lidelse
but salvation from suffering had been found

men frelse fra lidelse var funnet
salvation was obtained by him who would walk the path of the Buddha
frelse ble oppnådd av ham som ville gå Buddhas vei
With a soft, yet firm voice the exalted one spoke
Med en myk, men likevel fast stemme talte den opphøyde
he taught the four main doctrines
han underviste i de fire hovedlærene
he taught the eight-fold path
han lærte den åttedelte veien
patiently he went the usual path of the teachings
tålmodig gikk han den vanlige veien for læren
his teachings contained the examples
hans lære inneholdt eksemplene
his teaching made use of the repetitions
hans undervisning gjorde bruk av repetisjonene
brightly and quietly his voice hovered over the listeners
klart og stille svevet stemmen hans over tilhørerne
his voice was like a light
stemmen hans var som et lys
his voice was like a starry sky
stemmen hans var som en stjernehimmel
When the Buddha ended his speech, many pilgrims stepped forward
Da Buddha avsluttet talen sin, gikk mange pilegrimer frem
they asked to be accepted into the community
de ba om å bli tatt opp i fellesskapet
they sought refuge in the teachings
de søkte tilflukt i læren
And Gotama accepted them by speaking
Og Gotama aksepterte dem ved å snakke
"You have heard the teachings well"
"Du har hørt læren godt"
"join us and walk in holiness"
"bli med oss og vandre i hellighet"
"put an end to all suffering"

"sette en stopper for all lidelse"
Behold, then Govinda, the shy one, also stepped forward and spoke
Se, da gikk også Govinda, den sjenerte, frem og snakket
"I also take my refuge in the exalted one and his teachings"
"Jeg søker også min tilflukt til den opphøyde og hans lære"
and he asked to be accepted into the community of his disciples
og han ba om å bli tatt opp i sine disiplers fellesskap
and he was accepted into the community of Gotama's disciples
og han ble tatt opp i fellesskapet til Gotamas disipler

the Buddha had retired for the night
Buddha hadde trukket seg tilbake for natten
Govinda turned to Siddhartha and spoke eagerly
Govinda snudde seg til Siddhartha og snakket ivrig
"Siddhartha, it is not my place to scold you"
"Siddhartha, det er ikke mitt sted å skjelle ut deg"
"We have both heard the exalted one"
"Vi har begge hørt den opphøyde"
"we have both perceived the teachings"
"vi har begge oppfattet læren"
"Govinda has heard the teachings"
"Govinda har hørt læren"
"he has taken refuge in the teachings"
"han har tatt tilflukt i læren"
"But, my honoured friend, I must ask you"
"Men min ærede venn, jeg må spørre deg"
"don't you also want to walk the path of salvation?"
"vil du ikke også gå på frelsens vei?"
"Would you want to hesitate?"
"Vil du nøle?"
"do you want to wait any longer?"
"vil du vente lenger?"
Siddhartha awakened as if he had been asleep

Siddhartha våknet som om han hadde sovet
For a long time, he looked into Govinda's face
I lang tid så han inn i ansiktet til Govinda
Then he spoke quietly, in a voice without mockery
Så snakket han stille, med en stemme uten hån
"Govinda, my friend, now you have taken this step"
"Govinda, min venn, nå har du tatt dette skrittet"
"now you have chosen this path"
"nå har du valgt denne veien"
"Always, oh Govinda, you've been my friend"
"Alltid, å Govinda, du har vært min venn"
"you've always walked one step behind me"
"du har alltid gått ett skritt bak meg"
"Often I have thought about you"
"Ofte har jeg tenkt på deg"
"'Won't Govinda for once also take a step by himself'"
"'Vil ikke Govinda for en gangs skyld også ta et skritt selv'"
"'won't Govinda take a step without me?'"
"'vil ikke Govinda ta et skritt uten meg?'"
"'won't he take a step driven by his own soul?'"
"Vil han ikke ta et skritt drevet av sin egen sjel?"
"Behold, now you've turned into a man"
"Se, nå har du blitt en mann"
"you are choosing your path for yourself"
"du velger din vei for deg selv"
"I wish that you would go it up to its end"
"Jeg skulle ønske at du ville gå opp til slutten"
"oh my friend, I hope that you shall find salvation!"
"Å min venn, jeg håper at du finner frelse!"
Govinda, did not completely understand it yet
Govinda, forsto det ikke helt ennå
he repeated his question in an impatient tone
han gjentok spørsmålet i en utålmodig tone
"Speak up, I beg you, my dear!"
"Snakk, jeg ber deg, min kjære!"
"Tell me, since it could not be any other way"

"Fortell meg, siden det ikke kunne vært på noen annen måte"
"won't you also take your refuge with the exalted Buddha?"
"vil du ikke også søke tilflukt hos den opphøyde Buddha?"
Siddhartha placed his hand on Govinda's shoulder
Siddhartha la hånden på Govindas skulder
"You failed to hear my good wish for you"
"Du klarte ikke å høre mitt gode ønske for deg"
"I'm repeating my wish for you"
"Jeg gjentar ønsket mitt for deg"
"I wish that you would go this path"
"Jeg skulle ønske at du ville gå denne veien"
"I wish that you would go up to this path's end"
"Jeg skulle ønske at du ville gå opp til denne veiens ende"
"I wish that you shall find salvation!"
"Jeg ønsker at du skal finne frelse!"
In this moment, Govinda realized that his friend had left him
I dette øyeblikket innså Govinda at vennen hans hadde forlatt ham
when he realized this he started to weep
da han skjønte dette begynte han å gråte
"Siddhartha!" he exclaimed lamentingly
"Siddhartha!" utbrøt han beklagende
Siddhartha kindly spoke to him
Siddhartha snakket vennlig til ham
"don't forget, Govinda, who you are"
"ikke glem, Govinda, hvem du er"
"you are now one of the Samanas of the Buddha"
"du er nå en av Samanas of the Buddha"
"You have renounced your home and your parents"
"Du har gitt avkall på hjemmet ditt og foreldrene dine"
"you have renounced your birth and possessions"
"du har gitt avkall på din fødsel og eiendeler"
"you have renounced your free will"
"du har gitt avkall på din frie vilje"
"you have renounced all friendship"

"du har gitt avkall på alt vennskap"
"This is what the teachings require"
"Dette er hva læren krever"
"this is what the exalted one wants"
"dette er hva den opphøyde vil ha"
"This is what you wanted for yourself"
"Dette er hva du ville ha for deg selv"
"Tomorrow, oh Govinda, I will leave you"
"I morgen, å Govinda, forlater jeg deg"
For a long time, the friends continued walking in the garden
Lenge fortsatte vennene å gå i hagen
for a long time, they lay there and found no sleep
lenge lå de der og fant ingen søvn
And over and over again, Govinda urged his friend
Og om og om igjen oppfordret Govinda vennen sin
"why would you not want to seek refuge in Gotama's teachings?"
"hvorfor ville du ikke ønske å søke tilflukt i Gotamas lære?"
"what fault could you find in these teachings?"
"hvilken feil kan du finne i denne læren?"
But Siddhartha turned away from his friend
Men Siddhartha vendte seg bort fra vennen sin
every time he said, "Be content, Govinda!"
hver gang han sa: "Vær fornøyd, Govinda!"
"Very good are the teachings of the exalted one"
"Svært god er læren til den opphøyde"
"how could I find a fault in his teachings?"
"hvordan kunne jeg finne en feil i læren hans?"

it was very early in the morning
det var veldig tidlig på morgenen
one of the oldest monks went through the garden
en av de eldste munkene gikk gjennom hagen
he called to those who had taken their refuge in the teachings
han kalte til dem som hadde tatt sin tilflukt til læren

he called them to dress them up in the yellow robe
han kalte dem for å kle dem opp i den gule kappen
and he instruct them in the first teachings and duties of their position
og han instruerte dem i de første læresetningene og pliktene i deres stilling
Govinda once again embraced his childhood friend
Govinda omfavnet sin barndomsvenn igjen
and then he left with the novices
og så dro han med nybegynnere
But Siddhartha walked through the garden, lost in thought
Men Siddhartha gikk gjennom hagen, fortapt i tankene
Then he happened to meet Gotama, the exalted one
Så møtte han tilfeldigvis Gotama, den opphøyde
he greeted him with respect
han hilste ham med respekt
the Buddha's glance was full of kindness and calm
Buddhas blikk var fullt av vennlighet og ro
the young man summoned his courage
den unge mannen tok mot til seg
he asked the venerable one for the permission to talk to him
han ba den ærverdige om tillatelse til å snakke med ham
Silently, the exalted one nodded his approval
Stille nikket den opphøyde bifallende
Spoke Siddhartha, "Yesterday, oh exalted one"
Siddhartha sa: "I går, å opphøyde en"
"I had been privileged to hear your wondrous teachings"
"Jeg hadde vært privilegert å høre din fantastiske lære"
"Together with my friend, I had come from afar, to hear your teachings"
"Sammen med min venn kom jeg langveisfra for å høre din lære"
"And now my friend is going to stay with your people"
"Og nå skal vennen min bli hos folket ditt"
"he has taken his refuge with you"
"han har tatt sin tilflukt hos deg"

"But I will again start on my pilgrimage"
"Men jeg vil igjen starte på pilegrimsreisen min"
"As you please," the venerable one spoke politely
"Som du vil," sa den ærverdige høflig
"Too bold is my speech," Siddhartha continued
"For dristig er min tale," fortsatte Siddhartha
"but I do not want to leave the exalted on this note"
"men jeg vil ikke forlate de opphøyde på denne noten"
"I want to share with the most venerable one my honest thoughts"
"Jeg vil dele mine ærlige tanker med den mest ærverdige"
"Does it please the venerable one to listen for one moment longer?"
"Behager det den ærverdige å lytte et øyeblikk til?"
Silently, the Buddha nodded his approval
Stille nikket Buddha sin godkjennelse
Spoke Siddhartha, "oh most venerable one"
Sa Siddhartha, "å mest ærverdige"
"there is one thing I have admired in your teachings most of all"
"det er én ting jeg har beundret i læren din mest av alt"
"Everything in your teachings is perfectly clear"
"Alt i din lære er helt klart"
"what you speak of is proven"
"det du snakker om er bevist"
"you are presenting the world as a perfect chain"
"du presenterer verden som en perfekt kjede"
"a chain which is never and nowhere broken"
"en kjede som aldri og ingen steder er brutt"
"an eternal chain the links of which are causes and effects"
"en evig kjede hvis ledd er årsaker og virkninger"
"Never before, has this been seen so clearly"
"Aldri før, har dette blitt sett så tydelig"
"never before, has this been presented so irrefutably"
"aldri før, har dette blitt presentert så ugjendrivelig"

"truly, the heart of every Brahman has to beat stronger with love"
"virkelig, hjertet til enhver brahman må slå sterkere av kjærlighet"
"he has seen the world through your perfectly connected teachings"
"han har sett verden gjennom din perfekt tilknyttede lære"
"without gaps, clear as a crystal"
"uten hull, klar som en krystall"
"not depending on chance, not depending on Gods"
"ikke avhengig av tilfeldigheter, ikke avhengig av guder"
"he has to accept it whether it may be good or bad"
"han må akseptere det enten det er bra eller dårlig"
"he has to live by it whether it would be suffering or joy"
"han må leve etter det enten det er lidelse eller glede"
"but I do not wish to discuss the uniformity of the world"
"men jeg ønsker ikke å diskutere verdens enhetlighet"
"it is possible that this is not essential"
"det er mulig at dette ikke er avgjørende"
"everything which happens is connected"
"alt som skjer henger sammen"
"the great and the small things are all encompassed"
"de store og de små er alle omfattet"
"they are connected by the same forces of time"
"de er forbundet med de samme tidskreftene"
"they are connected by the same law of causes"
"de er forbundet med samme lov om årsaker"
"the causes of coming into being and of dying"
"årsakene til å bli til og til å dø"
"this is what shines brightly out of your exalted teachings"
"dette er det som skinner klart ut av din opphøyde lære"
"But, according to your very own teachings, there is a small gap"
"Men ifølge din egen lære er det et lite gap"
"this unity and necessary sequence of all things is broken in one place"

"denne enheten og nødvendige sekvensen av alle ting er brutt på ett sted"
"this world of unity is invaded by something alien"
"denne verden av enhet er invadert av noe fremmed"
"there is something new, which had not been there before"
"det er noe nytt, som ikke hadde vært der før"
"there is something which cannot be demonstrated"
"det er noe som ikke kan demonstreres"
"there is something which cannot be proven"
"det er noe som ikke kan bevises"
"these are your teachings of overcoming the world"
"dette er din lære om å overvinne verden"
"these are your teachings of salvation"
"dette er din frelseslære"
"But with this small gap, the eternal breaks apart again"
"Men med dette lille gapet bryter det evige fra hverandre igjen"
"with this small breach, the law of the world becomes void"
"med dette lille bruddet blir verdens lov ugyldig"
"Please forgive me for expressing this objection"
"Tilgi meg for å uttrykke denne innvendingen"
Quietly, Gotama had listened to him, unmoved
Stille hadde Gotama lyttet til ham, uberørt
Now he spoke, the perfected one, with his kind and polite clear voice
Nå snakket han, den fullkomne, med sin snille og høflige klare stemme
"You've heard the teachings, oh son of a Brahman"
"Du har hørt læren, å sønn av en brahman"
"and good for you that you've thought about it this deeply"
"og bra for deg at du har tenkt så dypt på det"
"You've found a gap in my teachings, an error"
"Du har funnet et gap i min lære, en feil"
"You should think about this further"
"Du bør tenke videre på dette"

"But be warned, oh seeker of knowledge, of the thicket of opinions"
"Men vær advart, å kunnskapssøker, mot kratt av meninger"
"be warned of arguing about words"
"vær advart mot å krangle om ord"
"There is nothing to opinions"
"Det er ingenting med meninger"
"they may be beautiful or ugly"
"de kan være vakre eller stygge"
"opinions may be smart or foolish"
"Meninger kan være smarte eller tåpelige"
"everyone can support opinions, or discard them"
"alle kan støtte meninger, eller forkaste dem"
"But the teachings, you've heard from me, are no opinion"
"Men læren, du har hørt fra meg, er ingen mening"
"their goal is not to explain the world to those who seek knowledge"
"Målet deres er ikke å forklare verden for de som søker kunnskap"
"They have a different goal"
"De har et annet mål"
"their goal is salvation from suffering"
"deres mål er frelse fra lidelse"
"This is what Gotama teaches, nothing else"
"Dette er hva Gotama lærer, ingenting annet"
"I wish that you, oh exalted one, would not be angry with me" said the young man
"Jeg skulle ønske at du, o opphøyde, ikke ville være sint på meg," sa den unge mannen
"I have not spoken to you like this to argue with you"
"Jeg har ikke snakket til deg slik for å krangle med deg"
"I do not wish to argue about words"
"Jeg ønsker ikke å krangle om ord"
"You are truly right, there is little to opinions"
"Du har virkelig rett, det er lite til meninger"
"But let me say one more thing"

"Men la meg si en ting til"
"I have not doubted in you for a single moment"
"Jeg har ikke tvilt på deg et eneste øyeblikk"
"I have not doubted for a single moment that you are Buddha"
"Jeg har ikke tvilt et eneste øyeblikk på at du er Buddha"
"I have not doubted that you have reached the highest goal"
"Jeg har ikke tvilt på at du har nådd det høyeste målet"
"the highest goal towards which so many Brahmans are on their way"
"det høyeste målet som så mange brahmaner er på vei mot"
"You have found salvation from death"
"Du har funnet frelse fra døden"
"It has come to you in the course of your own search"
"Det har kommet til deg i løpet av ditt eget søk"
"it has come to you on your own path"
"det har kommet til deg på din egen vei"
"it has come to you through thoughts and meditation"
"det har kommet til deg gjennom tanker og meditasjon"
"it has come to you through realizations and enlightenment"
"det har kommet til deg gjennom erkjennelser og opplysning"
"but it has not come to you by means of teachings!"
"men det er ikke kommet til dere ved hjelp av lære!"
"And this is my thought"
"Og dette er min tanke"
"nobody will obtain salvation by means of teachings!"
"ingen vil oppnå frelse ved hjelp av lære!"
"You will not be able to convey your hour of enlightenment"
"Du vil ikke være i stand til å formidle din time med opplysning"
"words of what has happened to you won't convey the moment!"
"ord om hva som har skjedd med deg vil ikke formidle øyeblikket!"
"The teachings of the enlightened Buddha contain much"
"Læren til den opplyste Buddha inneholder mye"

"it teaches many to live righteously"
"det lærer mange å leve rettferdig"
"it teaches many to avoid evil"
"det lærer mange å unngå ondskap"
"But there is one thing which these teachings do not contain"
"Men det er én ting som disse læresetningene ikke inneholder"
"they are clear and venerable, but the teachings miss something"
"de er klare og ærverdige, men læren savner noe"
"the teachings do not contain the mystery"
"lærdommen inneholder ikke mysteriet"
"the mystery of what the exalted one has experienced for himself"
"mysteriet om hva den opphøyde har opplevd selv"
"among hundreds of thousands, only he experienced it"
"blant hundretusener var det bare han som opplevde det"
"This is what I have thought and realized, when I heard the teachings"
"Dette er hva jeg har tenkt og innsett da jeg hørte læren"
"This is why I am continuing my travels"
"Dette er grunnen til at jeg fortsetter mine reiser"
"this is why I do not to seek other, better teachings"
"dette er grunnen til at jeg ikke søker andre, bedre læresetninger"
"I know there are no better teachings"
"Jeg vet at det ikke finnes bedre læresetninger"
"I leave to depart from all teachings and all teachers"
"Jeg drar for å avvike fra all lære og alle lærere"
"I leave to reach my goal by myself, or to die"
"Jeg drar for å nå målet mitt alene, eller for å dø"
"But often, I'll think of this day, oh exalted one"
"Men ofte vil jeg tenke på denne dagen, å opphøyde"
"and I'll think of this hour, when my eyes beheld a holy man"
"og jeg vil tenke på denne timen da mine øyne så en hellig mann"

The Buddha's eyes quietly looked to the ground
Buddhas øyne så stille til bakken
quietly, in perfect equanimity, his inscrutable face was smiling
stille, i fullkommen sinnsro smilte det uransakelige ansiktet hans
the venerable one spoke slowly
den ærverdige snakket sakte
"I wish that your thoughts shall not be in error"
"Jeg ønsker at dine tanker ikke skal være feil"
"I wish that you shall reach the goal!"
"Jeg ønsker at du skal nå målet!"
"But there is something I ask you to tell me"
"Men det er noe jeg ber deg fortelle meg"
"Have you seen the multitude of my Samanas?"
"Har du sett mengden av mine Samanas?"
"they have taken refuge in the teachings"
"de har tatt tilflukt i læren"
"do you believe it would be better for them to abandon the teachings?"
"tror du det ville være bedre for dem å forlate læren?"
"should they to return into the world of desires?"
"Skal de vende tilbake til begjærenes verden?"
"Far is such a thought from my mind" exclaimed Siddhartha
"Langt er en slik tanke fra mitt sinn" utbrøt Siddhartha
"I wish that they shall all stay with the teachings"
"Jeg ønsker at de alle skal holde seg til læren"
"I wish that they shall reach their goal!"
"Jeg ønsker at de skal nå målet sitt!"
"It is not my place to judge another person's life"
"Det er ikke mitt sted å dømme et annet menneskes liv"
"I can only judge my own life "
"Jeg kan bare dømme mitt eget liv"
"I must decide, I must chose, I must refuse"
"Jeg må bestemme, jeg må velge, jeg må nekte"
"Salvation from the self is what we Samanas search for"

"Frelse fra selvet er det vi Samanas søker etter"
"oh exalted one, if only I were one of your disciples"
"å opphøyde, om jeg bare var en av dine disipler"
"I'd fear that it might happen to me"
"Jeg frykter at det kan skje meg"
"only seemingly, would my self be calm and be redeemed"
"bare tilsynelatende ville jeg være rolig og bli forløst"
"but in truth it would live on and grow"
"men i sannhet ville det leve videre og vokse"
"because then I would replace my self with the teachings"
"for da ville jeg erstattet meg selv med læren"
"my self would be my duty to follow you"
"meg selv ville være min plikt å følge deg"
"my self would be my love for you"
"meg selv ville være min kjærlighet til deg"
"and my self would be the community of the monks!"
"og meg selv ville være munkenes fellesskap!"
With half of a smile Gotama looked into the stranger's eyes
Med et halvt smil så Gotama inn i øynene til den fremmede
his eyes were unwaveringly open and kind
øynene hans var urokkelig åpne og snille
he bid him to leave with a hardly noticeable gesture
han ba ham gå med en knapt merkbar gest
"You are wise, oh Samana" the venerable one spoke
«Du er klok, å Samana» sa den ærverdige
"You know how to talk wisely, my friend"
"Du vet hvordan du snakker klokt, min venn"
"Be aware of too much wisdom!"
"Vær oppmerksom på for mye visdom!"
The Buddha turned away
Buddha snudde seg bort
Siddhartha would never forget his glance
Siddhartha ville aldri glemme blikket hans
his half smile remained forever etched in Siddhartha's memory
hans halve smil forble evig etset i Siddharthas minne

Siddhartha thought to himself
tenkte Siddhartha for seg selv
"I have never before seen a person glance and smile this way"
"Jeg har aldri før sett en person se og smile på denne måten"
"no one else sits and walks like he does"
"ingen andre sitter og går som han gjør"
"truly, I wish to be able to glance and smile this way"
"jeg ønsker virkelig å kunne se og smile på denne måten"
"I wish to be able to sit and walk this way, too"
"Jeg ønsker å kunne sitte og gå på denne måten også"
"liberated, venerable, concealed, open, childlike and mysterious"
"frigjort, ærverdig, skjult, åpen, barnlig og mystisk"
"he must have succeeded in reaching the innermost part of his self"
"han må ha lyktes i å nå innerst i seg selv"
"only then can someone glance and walk this way"
"først da kan noen se og gå denne veien"
"I will also seek to reach the innermost part of my self"
"Jeg vil også søke å nå den innerste delen av meg selv"
"I saw a man" Siddhartha thought
"Jeg så en mann" tenkte Siddhartha
"a single man, before whom I would have to lower my glance"
"en enslig mann, som jeg måtte senke blikket foran"
"I do not want to lower my glance before anyone else"
"Jeg vil ikke senke blikket før noen andre"
"No teachings will entice me more anymore"
"Ingen lære vil lokke meg mer"
"because this man's teachings have not enticed me"
"fordi denne manns lære har ikke lokket meg"
"I am deprived by the Buddha" thought Siddhartha
"Jeg er fratatt av Buddha" tenkte Siddhartha
"I am deprived, although he has given so much"
"Jeg er fratatt, selv om han har gitt så mye"

"he has deprived me of my friend"
"han har fratatt meg vennen min"
"my friend who had believed in me"
"vennen min som hadde trodd på meg"
"my friend who now believes in him"
"min venn som nå tror på ham"
"my friend who had been my shadow"
"vennen min som hadde vært skyggen min"
"and now he is Gotama's shadow"
"og nå er han Gotamas skygge"
"but he has given me Siddhartha"
"men han har gitt meg Siddhartha"
"he has given me myself"
"han har gitt meg meg selv"

Awakening
Oppvåkning

Siddhartha left the mango grove behind him
Siddhartha forlot mangolunden bak seg
but he felt his past life also stayed behind
men han følte at hans tidligere liv også ble liggende
the Buddha, the perfected one, stayed behind
Buddha, den fullkomne, ble igjen
and Govinda stayed behind too
og Govinda ble igjen også
and his past life had parted from him
og hans tidligere liv hadde skilt seg fra ham
he pondered as he was walking slowly
grublet han mens han gikk sakte
he pondered about this sensation, which filled him completely
han grunnet på denne følelsen, som fylte ham fullstendig
He pondered deeply, like diving into a deep water
Han grublet dypt, som å dykke ned i et dypt vann
he let himself sink down to the ground of the sensation
han lot seg synke ned til bakken for sensasjonen
he let himself sink down to the place where the causes lie
han lot seg synke ned til stedet hvor årsakene ligger
to identify the causes is the very essence of thinking
å identifisere årsakene er selve essensen av tenkning
this was how it seemed to him
slik virket det for ham
and by this alone, sensations turn into realizations
og bare ved dette blir sensasjoner til erkjennelser
and these sensations are not lost
og disse følelsene går ikke tapt
but the sensations become entities
men sensasjonene blir enheter
and the sensations start to emit what is inside of them
og følelsene begynner å avgi det som er inni dem

they show their truths like rays of light
de viser sine sannheter som lysstråler
Slowly walking along, Siddhartha pondered
Siddhartha gikk sakte langs, grunnet
He realized that he was no youth any more
Han innså at han ikke lenger var ungdom
he realized that he had turned into a man
han skjønte at han hadde blitt en mann
He realized that something had left him
Han skjønte at noe hadde forlatt ham
the same way a snake is left by its old skin
på samme måte som en slange blir etterlatt av sin gamle hud
what he had throughout his youth no longer existed in him
det han hadde gjennom ungdommen, fantes ikke lenger i ham
it used to be a part of him; the wish to have teachers
det pleide å være en del av ham; ønsket om å ha lærere
the wish to listen to teachings
ønsket om å lytte til lære
He had also left the last teacher who had appeared on his path
Han hadde også forlatt den siste læreren som hadde dukket opp på hans vei
he had even left the highest and wisest teacher
han hadde til og med forlatt den høyeste og klokeste lærer
he had left the most holy one, Buddha
han hadde forlatt den aller helligste, Buddha
he had to part with him, unable to accept his teachings
han måtte skille seg med ham, ute av stand til å akseptere læren hans
Slower, he walked along in his thoughts
Langsommere gikk han med i tankene
and he asked himself, "But what is this?"
og han spurte seg selv: "Men hva er dette?"
"what have you sought to learn from teachings and from teachers?"
"hva har du søkt å lære av undervisning og av lærere?"

"and what were they, who have taught you so much?"
"og hva var de som har lært deg så mye?"
"what are they if they have been unable to teach you?"
"hva er de hvis de ikke har vært i stand til å lære deg?"
And he found, "It was the self"
Og han fant ut: "Det var jeget"
"it was the purpose and essence of which I sought to learn"
"det var formålet og essensen jeg prøvde å lære"
"It was the self I wanted to free myself from"
"Det var jeget jeg ønsket å frigjøre meg fra"
"the self which I sought to overcome"
"selvet som jeg søkte å overvinne"
"But I was not able to overcome it"
"Men jeg klarte ikke å overvinne det"
"I could only deceive it"
"Jeg kunne bare lure det"
"I could only flee from it"
"Jeg kunne bare flykte fra det"
"I could only hide from it"
"Jeg kunne bare gjemme meg for det"
"Truly, no thing in this world has kept my thoughts so busy"
"Virkelig, ingen ting i denne verden har holdt tankene mine så opptatt"
"I have been kept busy by the mystery of me being alive"
"Jeg har vært opptatt av mysteriet om at jeg er i live"
"the mystery of me being one"
"mysteriet med at jeg er en"
"the mystery if being separated and isolated from all others"
"mysteriet om å være atskilt og isolert fra alle andre"
"the mystery of me being Siddhartha!"
"mysteriet med at jeg er Siddhartha!"
"And there is no thing in this world I know less about"
"Og det er ingen ting i denne verden jeg vet mindre om"
he had been pondering while slowly walking along
han hadde grublet mens han sakte gikk
he stopped as these thoughts caught hold of him

han stoppet da disse tankene tok tak i ham
and right away another thought sprang forth from these thoughts
og straks sprang en annen tanke frem fra disse tankene
"there's one reason why I know nothing about myself"
"det er en grunn til at jeg ikke vet noe om meg selv"
"there's one reason why Siddhartha has remained alien to me"
"det er én grunn til at Siddhartha har forblitt fremmed for meg"
"all of this stems from one cause"
"alt dette stammer fra én årsak"
"I was afraid of myself, and I was fleeing"
"Jeg var redd for meg selv, og jeg flyktet"
"I have searched for both Atman and Brahman"
"Jeg har søkt etter både Atman og Brahman"
"for this I was willing to dissect my self"
"for dette var jeg villig til å dissekere meg selv"
"and I was willing to peel off all of its layers"
"og jeg var villig til å skrelle av alle lagene"
"I wanted to find the core of all peels in its unknown interior"
"Jeg ønsket å finne kjernen til alle skreller i dets ukjente interiør"
"the Atman, life, the divine part, the ultimate part"
"Atman, livet, den guddommelige delen, den ultimate delen"
"But I have lost myself in the process"
"Men jeg har mistet meg selv i prosessen"
Siddhartha opened his eyes and looked around
Siddhartha åpnet øynene og så seg rundt
looking around, a smile filled his face
så seg rundt, et smil fylte ansiktet hans
a feeling of awakening from long dreams flowed through him
en følelse av å våkne fra lange drømmer strømmet gjennom ham

the feeling flowed from his head down to his toes
følelsen strømmet fra hodet og ned til tærne
And it was not long before he walked again
Og det tok ikke lang tid før han gikk igjen
he walked quickly, like a man who knows what he has got to do
han gikk raskt, som en mann som vet hva han har å gjøre
"now I will not let Siddhartha escape from me again!"
"nå vil jeg ikke la Siddhartha rømme fra meg igjen!"
"I no longer want to begin my thoughts and my life with Atman"
"Jeg vil ikke lenger begynne tankene mine og livet mitt med Atman"
"nor do I want to begin my thoughts with the suffering of the world"
"Jeg vil heller ikke begynne tankene mine med verdens lidelse"
"I do not want to kill and dissect myself any longer"
"Jeg vil ikke drepe og dissekere meg selv lenger"
"Yoga-Veda shall not teach me anymore"
"Yoga-Veda skal ikke lære meg lenger"
"nor Atharva-Veda, nor the ascetics"
"heller ikke Atharva-Veda, eller asketene"
"there will not be any kind of teachings"
"det vil ikke være noen form for lære"
"I want to learn from myself and be my student"
"Jeg vil lære av meg selv og være min student"
"I want to get to know myself; the secret of Siddhartha"
"Jeg vil bli kjent med meg selv; hemmeligheten til Siddhartha"

He looked around, as if he was seeing the world for the first time
Han så seg rundt, som om han så verden for første gang
Beautiful and colourful was the world
Vakker og fargerik var verden
strange and mysterious was the world

merkelig og mystisk var verden
Here was blue, there was yellow, here was green
Her var det blått, det var gult, her var det grønt
the sky and the river flowed
himmelen og elven rant
the forest and the mountains were rigid
skogen og fjellene var stive
all of the world was beautiful
hele verden var vakker
all of it was mysterious and magical
alt var mystisk og magisk
and in its midst was he, Siddhartha, the awakening one
og i dens midte var han, Siddhartha, den våkne
and he was on the path to himself
og han var på veien til seg selv
all this yellow and blue and river and forest entered Siddhartha
alt dette gule og blå og elven og skogen kom inn i Siddhartha
for the first time it entered through the eyes
for første gang kom det inn gjennom øynene
it was no longer a spell of Mara
det var ikke lenger en trolldom av Mara
it was no longer the veil of Maya
det var ikke lenger sløret til Maya
it was no longer a pointless and coincidental
det var ikke lenger meningsløst og tilfeldig
things were not just a diversity of mere appearances
ting var ikke bare et mangfold av bare utseende
appearances despicable to the deeply thinking Brahman
opptredener foraktelig for den dypt tenkende Brahman
the thinking Brahman scorns diversity, and seeks unity
den tenkende Brahman forakter mangfold, og søker enhet
Blue was blue and river was river
Blått var blått og elv var elv
the singular and divine lived hidden in Siddhartha
det enestående og guddommelige levde skjult i Siddhartha

divinity's way and purpose was to be yellow here, and blue there
guddommelighetens måte og hensikt var å være gul her, og blå der
there sky, there forest, and here Siddhartha
der himmel, der skog, og her Siddhartha
The purpose and essential properties was not somewhere behind the things
Formålet og de vesentlige egenskapene lå ikke et sted bak tingene
the purpose and essential properties was inside of everything
formålet og de essensielle egenskapene var inne i alt
"How deaf and stupid have I been!" he thought
"Hvor døv og dum har jeg vært!" tenkte han
and he walked swiftly along
og han gikk raskt videre
"When someone reads a text he will not scorn the symbols and letters"
"Når noen leser en tekst vil han ikke forakte symbolene og bokstavene"
"he will not call the symbols deceptions or coincidences"
"han vil ikke kalle symbolene bedrag eller tilfeldigheter"
"but he will read them as they were written"
"men han skal lese dem slik de er skrevet"
"he will study and love them, letter by letter"
"han vil studere og elske dem, bokstav for bokstav"
"I wanted to read the book of the world and scorned the letters"
"Jeg ønsket å lese verdens bok og foraktet bokstavene"
"I wanted to read the book of myself and scorned the symbols"
"Jeg ønsket å lese boken om meg selv og foraktet symbolene"
"I called my eyes and my tongue coincidental"
"Jeg kalte øynene og tungen min tilfeldig"
"I said they were worthless forms without substance"

"Jeg sa at de var verdiløse former uten substans"
"No, this is over, I have awakened"
"Nei, dette er over, jeg har våknet"
"I have indeed awakened"
"Jeg har virkelig våknet"
"I had not been born before this very day"
"Jeg var ikke født før denne dagen"
In thinking these thoughts, Siddhartha suddenly stopped once again
Ved å tenke disse tankene stoppet Siddhartha plutselig opp igjen
he stopped as if there was a snake lying in front of him
han stoppet som om det lå en slange foran ham
suddenly, he had also become aware of something else
plutselig var han også blitt oppmerksom på noe annet
He was indeed like someone who had just woken up
Han var virkelig som en som nettopp hadde våknet
he was like a new-born baby starting life anew
han var som en nyfødt baby som startet livet på nytt
and he had to start again at the very beginning
og han måtte begynne på nytt helt i begynnelsen
in the morning he had had very different intentions
om morgenen hadde han hatt helt andre intensjoner
he had thought to return to his home and his father
han hadde tenkt å vende tilbake til sitt hjem og sin far
But now he stopped as if a snake was lying on his path
Men nå stoppet han som om en slange lå på stien hans
he made a realization of where he was
han innså hvor han var
"I am no longer the one I was"
"Jeg er ikke lenger den jeg var"
"I am no ascetic anymore"
"Jeg er ikke asketisk lenger"
"I am not a priest anymore"
"Jeg er ikke prest lenger"
"I am no Brahman anymore"

"Jeg er ingen Brahman lenger"
"Whatever should I do at my father's place?"
"Hva skal jeg gjøre hos faren min?"
"Study? Make offerings? Practise meditation?"
"Studier? Gi ofringer? Øv meditasjon?"
"But all this is over for me"
"Men alt dette er over for meg"
"all of this is no longer on my path"
"alt dette er ikke lenger på min vei"
Motionless, Siddhartha remained standing there
Urørlig ble Siddhartha stående der
and for the time of one moment and breath, his heart felt cold
og i et øyeblikk og pust, føltes hjertet hans kaldt
he felt a coldness in his chest
han kjente en kulde i brystet
the same feeling a small animal feels when it sees how alone it is
den samme følelsen et lite dyr føler når det ser hvor alene det er
For many years, he had been without home and had felt nothing
I mange år hadde han vært uten hjem og hadde ikke følt noe
Now, he felt he had been without a home
Nå følte han at han hadde vært uten hjem
Still, even in the deepest meditation, he had been his father's son
Likevel, selv i den dypeste meditasjon, hadde han vært sin fars sønn
he had been a Brahman, of a high caste
han hadde vært en brahman, av en høy kaste
he had been a cleric
han hadde vært en geistlig
Now, he was nothing but Siddhartha, the awoken one
Nå var han ikke annet enn Siddhartha, den våkne
nothing else was left of him

ingenting annet var igjen av ham
Deeply, he inhaled and felt cold
Dypt inhalerte han og følte seg kald
a shiver ran through his body
en skjelving gikk gjennom kroppen hans
Nobody was as alone as he was
Ingen var så alene som han
There was no nobleman who did not belong to the noblemen
Det var ingen adelsmann som ikke tilhørte adelsmennene
there was no worker that did not belong to the workers
det var ingen arbeider som ikke tilhørte arbeiderne
they had all found refuge among themselves
de hadde alle funnet tilflukt seg imellom
they shared their lives and spoke their languages
de delte sine liv og snakket språkene sine
there are no Brahman who would not be regarded as Brahmans
det er ingen brahmaner som ikke vil bli sett på som brahmaner
and there are no Brahmans that didn't live as Brahmans
og det er ingen brahmaner som ikke levde som brahmaner
there are no ascetic who could not find refuge with the Samanas
det er ingen asketer som ikke kunne finne tilflukt hos Samanas
and even the most forlorn hermit in the forest was not alone
og selv den mest forlatte eremitten i skogen var ikke alene
he was also surrounded by a place he belonged to
han var også omgitt av et sted han tilhørte
he also belonged to a caste in which he was at home
han tilhørte også en kaste han var hjemme i
Govinda had left him and became a monk
Govinda hadde forlatt ham og ble munk
and a thousand monks were his brothers
og tusen munker var hans brødre
they wore the same robe as him

de hadde samme kappe som ham
they believed in his faith and spoke his language
de trodde på hans tro og snakket hans språk
But he, Siddhartha, where did he belong to?
Men han, Siddhartha, hvor tilhørte han?
With whom would he share his life?
Hvem ville han dele livet sitt med?
Whose language would he speak?
Hvem sitt språk ville han snakke?
the world melted away all around him
verden smeltet bort rundt ham
he stood alone like a star in the sky
han sto alene som en stjerne på himmelen
cold and despair surrounded him
kulde og fortvilelse omringet ham
but Siddhartha emerged out of this moment
men Siddhartha kom ut av dette øyeblikket
Siddhartha emerged more his true self than before
Siddhartha dukket opp mer som sitt sanne jeg enn før
he was more firmly concentrated than he had ever been
han var mer fast konsentrert enn han noen gang hadde vært
He felt; "this had been the last tremor of the awakening"
Han følte; "dette hadde vært den siste skjelvingen av oppvåkningen"
"the last struggle of this birth"
"den siste kampen i denne fødselen"
And it was not long until he walked again in long strides
Og det varte ikke lenge før han gikk igjen i lange skritt
he started to proceed swiftly and impatiently
han begynte å fortsette raskt og utålmodig
he was no longer going home
han skulle ikke lenger hjem
he was no longer going to his father
han skulle ikke lenger til faren sin

Part Two
Del to

***

Kamala

Siddhartha learned something new on every step of his path
Siddhartha lærte noe nytt på hvert trinn på veien hans
because the world was transformed and his heart was enchanted
fordi verden ble forvandlet og hans hjerte ble trollbundet
He saw the sun rising over the mountains
Han så solen stå opp over fjellene
and he saw the sun setting over the distant beach
og han så solen gå ned over den fjerne stranden
At night, he saw the stars in the sky in their fixed positions
Om natten så han stjernene på himmelen i deres faste posisjoner
and he saw the crescent of the moon floating like a boat in the blue
og han så månens halvmåne flyte som en båt i det blå
He saw trees, stars, animals, and clouds
Han så trær, stjerner, dyr og skyer
rainbows, rocks, herbs, flowers, streams and rivers
regnbuer, steiner, urter, blomster, bekker og elver
he saw the glistening dew in the bushes in the morning
han så den glinsende duggen i buskene om morgenen
he saw distant high mountains which were blue
han så fjerne høye fjell som var blå
wind blew through the rice-field
vinden blåste gjennom rismarken
all of this, a thousand-fold and colourful, had always been there
alt dette, tusen ganger og fargerikt, hadde alltid vært der
the sun and the moon had always shone

solen og månen hadde alltid skint
rivers had always roared and bees had always buzzed
elver hadde alltid bruset og bier hadde alltid surret
but in former times all of this had been a deceptive veil
men i tidligere tider hadde alt dette vært et villedende slør
to him it had been nothing more than fleeting
for ham hadde det ikke vært annet enn flyktig
it was supposed to be looked upon in distrust
det var ment å bli sett på i mistillit
it was destined to be penetrated and destroyed by thought
den var bestemt til å bli penetrert og ødelagt av tanken
since it was not the essence of existence
siden det ikke var essensen av tilværelsen
since this essence lay beyond, on the other side of, the visible
siden denne essensen lå hinsides, på den andre siden av, det synlige
But now, his liberated eyes stayed on this side
Men nå ble hans frigjorte øyne på denne siden
he saw and became aware of the visible
han så og ble oppmerksom på det synlige
he sought to be at home in this world
han søkte å være hjemme i denne verden
he did not search for the true essence
han søkte ikke etter den sanne essensen
he did not aim at a world beyond
han siktet ikke mot en verden utenfor
this world was beautiful enough for him
denne verden var vakker nok for ham
looking at it like this made everything childlike
å se på det slik gjorde alt barnlig
Beautiful were the moon and the stars
Vakre var månen og stjernene
beautiful was the stream and the banks
vakker var bekken og breddene
the forest and the rocks, the goat and the gold-beetle

skogen og steinene, geita og gullbillen
the flower and the butterfly; beautiful and lovely it was
blomsten og sommerfuglen; vakkert og nydelig var det
to walk through the world was childlike again
å gå gjennom verden var barnlig igjen
this way he was awoken
på denne måten ble han vekket
this way he was open to what is near
på denne måten var han åpen for det som er nær
this way he was without distrust
på denne måten var han uten mistillit
differently the sun burnt the head
annerledes brant solen hodet
differently the shade of the forest cooled him down
annerledes kjølte skogens skygge ham ned
differently the pumpkin and the banana tasted
gresskaret og bananen smakte forskjellig
Short were the days, short were the nights
Korte var dagene, korte var nettene
every hour sped swiftly away like a sail on the sea
hver time sprang raskt avgårde som et seil på havet
and under the sail was a ship full of treasures, full of joy
og under seilet var et skip fullt av skatter, fullt av glede
Siddhartha saw a group of apes moving through the high canopy
Siddhartha så en gruppe aper bevege seg gjennom den høye baldakinen
they were high in the branches of the trees
de var høyt oppe i grenene på trærne
and he heard their savage, greedy song
og han hørte deres ville, grådige sang
Siddhartha saw a male sheep following a female one and mating with her
Siddhartha så en hannsau følge en hunn og parre seg med henne

In a lake of reeds, he saw the pike hungrily hunting for its dinner
I en innsjø av siv så han gjedda sulten på jakt etter middagen sin
young fish were propelling themselves away from the pike
ungfisk drev seg bort fra gjedda
they were scared, wiggling and sparkling
de var redde, vinglet og glitret
the young fish jumped in droves out of the water
ungfisken hoppet i hopetall opp av vannet
the scent of strength and passion came forcefully out of the water
duften av styrke og lidenskap kom kraftig opp av vannet
and the pike stirred up the scent
og gjedda rørte opp duften
All of this had always existed
Alt dette hadde alltid eksistert
and he had not seen it, nor had he been with it
og han hadde ikke sett det, og han hadde ikke vært med det
Now he was with it and he was part of it
Nå var han med og han var en del av det
Light and shadow ran through his eyes
Lys og skygge rant gjennom øynene hans
stars and moon ran through his heart
stjerner og måne rant gjennom hjertet hans

Siddhartha remembered everything he had experienced in the Garden Jetavana
Siddhartha husket alt han hadde opplevd i Garden Jetavana
he remembered the teaching he had heard there from the divine Buddha
han husket læren han hadde hørt der fra den guddommelige Buddha
he remembered the farewell from Govinda
han husket avskjeden fra Govinda
he remembered the conversation with the exalted one

han husket samtalen med den opphøyde
Again he remembered his own words that he had spoken to the exalted one
Igjen husket han sine egne ord om at han hadde talt til den opphøyde
he remembered every word
han husket hvert ord
he realized he had said things which he had not really known
han skjønte at han hadde sagt ting som han egentlig ikke hadde visst
he astonished himself with what he had said to Gotama
han overrasket seg selv over det han hadde sagt til Gotama
the Buddha's treasure and secret was not the teachings
Buddhas skatt og hemmelighet var ikke læren
but the secret was the inexpressible and not teachable
men hemmeligheten var det uutsigelige og ikke lærebare
the secret which he had experienced in the hour of his enlightenment
hemmeligheten som han hadde opplevd i sin opplysningstime
the secret was nothing but this very thing which he had now gone to experience
hemmeligheten var ikke annet enn akkurat dette som han nå hadde gått for å oppleve
the secret was what he now began to experience
hemmeligheten var det han nå begynte å oppleve
Now he had to experience his self
Nå måtte han oppleve seg selv
he had already known for a long time that his self was Atman
han hadde allerede visst i lang tid at han selv var Atman
he knew Atman bore the same eternal characteristics as Brahman
han visste at Atman bar de samme evige egenskapene som Brahman
But he had never really found this self

Men han hadde egentlig aldri funnet dette selvet
because he had wanted to capture the self in the net of thought
fordi han hadde ønsket å fange selvet i tankenettet
but the body was not part of the self
men kroppen var ikke en del av jeget
it was not the spectacle of the senses
det var ikke sanseforestillingen
so it also was not the thought, nor the rational mind
så det var heller ikke tanken eller det rasjonelle sinnet
it was not the learned wisdom, nor the learned ability
det var ikke den lærde visdommen, heller ikke den lærde evnen
from these things no conclusions could be drawn
fra disse tingene kunne ingen konklusjoner trekkes
No, the world of thought was also still on this side
Nei, tankeverdenen var også fortsatt på denne siden
Both, the thoughts as well as the senses, were pretty things
Både tankene og sansene var vakre ting
but the ultimate meaning was hidden behind both of them
men den ultimate betydningen var skjult bak dem begge
both had to be listened to and played with
begge måtte lyttes til og lekes med
neither had to be scorned nor overestimated
verken måtte foraktes eller overvurderes
there were secret voices of the innermost truth
det var hemmelige stemmer om den innerste sannhet
these voices had to be attentively perceived
disse stemmene måtte oppfattes oppmerksomt
He wanted to strive for nothing else
Han ville ikke streve etter noe annet
he would do what the voice commanded him to do
han ville gjøre det stemmen befalte ham å gjøre
he would dwell where the voices advised him to
han ville bo der stemmene rådet ham til
Why had Gotama sat down under the Bodhi tree?

Hvorfor hadde Gotama satt seg under Bodhi-treet?
He had heard a voice in his own heart
Han hadde hørt en stemme i sitt eget hjerte
a voice which had commanded him to seek rest under this tree
en røst som hadde befalt ham å søke hvile under dette treet
he could have gone on to make offerings
han kunne ha fortsatt med ofringer
he could have performed his ablutions
han kunne ha utført sine avvaskninger
he could have spent that moment in prayer
han kunne ha brukt det øyeblikket i bønn
he had chosen not to eat or drink
han hadde valgt å ikke spise eller drikke
he had chosen not to sleep or dream
han hadde valgt å ikke sove eller drømme
instead, he had obeyed the voice
i stedet hadde han adlydt stemmen
To obey like this was good
Å adlyde slik var bra
it was good not to obey to an external command
det var godt å ikke adlyde en ekstern kommando
it was good to obey only the voice
det var godt å bare adlyde stemmen
to be ready like this was good and necessary
å være klar som dette var bra og nødvendig
there was nothing else that was necessary
det var ikke noe annet som var nødvendig

in the night Siddhartha got to a river
om natten kom Siddhartha til en elv
he slept in the straw hut of a ferryman
han sov i halmhytta til en fergemann
this night Siddhartha had a dream
denne natten hadde Siddhartha en drøm
Govinda was standing in front of him

Govinda sto foran ham
he was dressed in the yellow robe of an ascetic
han var kledd i den gule kappen til en asket
Sad was how Govinda looked
Trist var hvordan Govinda så ut
sadly he asked, "Why have you forsaken me?"
bedrøvet spurte han: "Hvorfor har du forlatt meg?"
Siddhartha embraced Govinda, and wrapped his arms around him
Siddhartha omfavnet Govinda og la armene rundt ham
he pulled him close to his chest and kissed him
han trakk ham inntil brystet og kysset ham
but it was not Govinda anymore, but a woman
men det var ikke Govinda lenger, men en kvinne
a full breast popped out of the woman's dress
et fullt bryst spratt ut av kvinnens kjole
Siddhartha lay and drank from the breast
Siddhartha lå og drakk av brystet
sweetly and strongly tasted the milk from this breast
smakte søtt og sterkt melken fra dette brystet
It tasted of woman and man
Det smakte kvinne og mann
it tasted of sun and forest
det smakte sol og skog
it tasted of animal and flower
det smakte dyr og blomst
it tasted of every fruit and every joyful desire
det smakte av hver frukt og hvert gledelig begjær
It intoxicated him and rendered him unconscious
Det beruset ham og gjorde ham bevisstløs
Siddhartha woke up from the dream
Siddhartha våknet fra drømmen
the pale river shimmered through the door of the hut
den bleke elven glitret gjennom døren til hytta
a dark call of an owl resounded deeply through the forest
et mørkt rop fra en ugle runget dypt gjennom skogen

Siddhartha asked the ferryman to get him across the river
Siddhartha ba fergemannen om å få ham over elven
The ferryman got him across the river on his bamboo-raft
Fergemannen fikk ham over elven på bambusflåten sin
the water shimmered reddish in the light of the morning
vannet glitret rødlig i morgenlyset
"This is a beautiful river," he said to his companion
"Dette er en vakker elv," sa han til kameraten
"Yes," said the ferryman, "a very beautiful river"
"Ja," sa fergemannen, "en veldig vakker elv"
"I love it more than anything"
"Jeg elsker det mer enn noe annet"
"Often I have listened to it"
"Ofte har jeg hørt på det"
"often I have looked into its eyes"
"ofte har jeg sett den inn i øynene"
"and I have always learned from it"
"og jeg har alltid lært av det"
"Much can be learned from a river"
"Mye kan læres av en elv"
"I thank you, my benefactor" spoke Siddhartha
"Jeg takker deg, min velgjører" sa Siddhartha
he disembarked on the other side of the river
han gikk av på den andre siden av elven
"I have no gift I could give you for your hospitality, my dear"
"Jeg har ingen gave jeg kan gi deg for din gjestfrihet, min kjære"
"and I also have no payment for your work"
"og jeg har heller ingen betaling for arbeidet ditt"
"I am a man without a home"
"Jeg er en mann uten hjem"
"I am the son of a Brahman and a Samana"
"Jeg er sønn av en Brahman og en Samana"
"I did see it," spoke the ferryman
«Jeg så det,» sa fergemannen

"I did not expect any payment from you"
"Jeg forventet ingen betaling fra deg"
"it is custom for guests to bear a gift"
"det er skikk for gjester å bære en gave"
"but I did not expect this from you either"
"men jeg forventet ikke dette fra deg heller"
"You will give me the gift another time"
"Du vil gi meg gaven en annen gang"
"Do you think so?" asked Siddhartha, bemusedly
"Tror du det?" spurte Siddhartha forvirret
"I am sure of it," replied the ferryman
«Jeg er sikker på det», svarte fergemannen
"This too, I have learned from the river"
"Også dette har jeg lært av elven"
"everything that goes comes back!"
"alt som går kommer tilbake!"
"You too, Samana, will come back"
"Du også, Samana, kommer tilbake"
"Now farewell! Let your friendship be my reward"
"Nå farvel! La vennskapet ditt være min belønning"
"Commemorate me, when you make offerings to the gods"
"Husk meg når du ofrer til gudene"
Smiling, they parted from each other
Smilende skilte de seg fra hverandre
Smiling, Siddhartha was happy about the friendship
Siddhartha smilte og var glad for vennskapet
and he was happy about the kindness of the ferryman
og han var glad for godheten til fergemannen
"He is like Govinda," he thought with a smile
«Han er som Govinda», tenkte han med et smil
"all I meet on my path are like Govinda"
"alt jeg møter på min vei er som Govinda"
"All are thankful for what they have"
"Alle er takknemlige for det de har"
"but they are the ones who would have a right to receive thanks"

"men det er de som har rett til å motta takk"
"all are submissive and would like to be friends"
"alle er underdanige og vil gjerne være venner"
"all like to obey and think little"
"alle liker å adlyde og tenke lite"
"all people are like children"
"alle mennesker er som barn"

At about noon, he came through a village
Ved middagstid kom han gjennom en landsby
In front of the mud cottages, children were rolling about in the street
Foran leirhyttene rullet barn rundt på gaten
they were playing with pumpkin-seeds and sea-shells
de lekte med gresskarfrø og skjell
they screamed and wrestled with each other
de skrek og kjempet med hverandre
but they all timidly fled from the unknown Samana
men de flyktet alle fryktsomt fra den ukjente Samana
In the end of the village, the path led through a stream
I enden av landsbyen gikk stien gjennom en bekk
by the side of the stream, a young woman was kneeling
ved siden av bekken lå en ung kvinne på kne
she was washing clothes in the stream
hun vasket klær i bekken
When Siddhartha greeted her, she lifted her head
Da Siddhartha hilste på henne, løftet hun hodet
and she looked up to him with a smile
og hun så opp til ham med et smil
he could see the white in her eyes glistening
han kunne se det hvite i øynene hennes glitret
He called out a blessing to her
Han ropte en velsignelse til henne
this was the custom among travellers
dette var skikken blant reisende
and he asked how far it was to the large city

og han spurte hvor langt det var til den store byen
Then she got up and came to him
Så reiste hun seg og kom til ham
beautifully her wet mouth was shimmering in her young face
vakkert glitret den våte munnen i det unge ansiktet hennes
She exchanged humorous banter with him
Hun utvekslet humoristiske drillerier med ham
she asked whether he had eaten already
hun spurte om han allerede hadde spist
and she asked curious questions
og hun stilte nysgjerrige spørsmål
"is it true that the Samanas slept alone in the forest at night?"
"er det sant at Samanas sov alene i skogen om natten?"
"is it true Samanas are not allowed to have women with them"
"er det sant at Samanaer ikke har lov til å ha kvinner med seg"
While talking, she put her left foot on his right one
Mens hun snakket, satte hun venstre fot på den høyre
the movement of a woman who would want to initiate sexual pleasure
bevegelsen til en kvinne som ønsker å starte seksuell nytelse
the textbooks call this "climbing a tree"
lærebøkene kaller dette "å klatre i et tre"
Siddhartha felt his blood heating up
Siddhartha kjente blodet hans varmes opp
he had to think of his dream again
han måtte tenke på drømmen sin igjen
he bend slightly down to the woman
han bøyde seg lett ned til kvinnen
and he kissed with his lips the brown nipple of her breast
og han kysset med leppene sine den brune brystvorten hennes
Looking up, he saw her face smiling
Da han så opp, så han ansiktet hennes smile
and her eyes were full of lust
og øynene hennes var fulle av begjær

Siddhartha also felt desire for her
Siddhartha følte også et ønske om henne
he felt the source of his sexuality moving
han kjente kilden til sin seksualitet bevege seg
but he had never touched a woman before
men han hadde aldri rørt en kvinne før
so he hesitated for a moment
så han nølte et øyeblikk
his hands were already prepared to reach out for her
hendene hans var allerede forberedt på å strekke seg etter henne
but then he heard the voice of his innermost self
men så hørte han stemmen til sitt innerste
he shuddered with awe at his voice
han skalv av ærefrykt ved stemmen
and this voice told him no
og denne stemmen sa nei til ham
all charms disappeared from the young woman's smiling face
all sjarm forsvant fra den unge kvinnens smilende ansikt
he no longer saw anything else but a damp glance
han så ikke lenger annet enn et fuktig blikk
all he could see was female animal in heat
alt han kunne se var hunndyr i brunst
Politely, he petted her cheek
Høflig klappet han kinnet hennes
he turned away from her and disappeared away
han snudde seg fra henne og forsvant bort
he left from the disappointed woman with light steps
han gikk fra den skuffede kvinnen med lette skritt
and he disappeared into the bamboo-wood
og han forsvant inn i bambusskogen

he reached the large city before the evening
han nådde den store byen før kvelden
and he was happy to have reached the city

og han var glad for å ha kommet til byen
because he felt the need to be among people
fordi han følte behov for å være blant folk
or a long time, he had lived in the forests
eller lenge, han hadde bodd i skogene
for first time in a long time he slept under a roof
for første gang på lenge sov han under tak
Before the city was a beautifully fenced garden
Før byen var en vakkert inngjerdet hage
the traveller came across a small group of servants
den reisende kom over en liten gruppe tjenere
the servants were carrying baskets of fruit
tjenerne bar fruktkurver
four servants were carrying an ornamental sedan-chair
fire tjenere bar en dekorativ sedan-stol
on this chair sat a woman, the mistress
på denne stolen satt en kvinne, elskerinnen
she was on red pillows under a colourful canopy
hun lå på røde puter under en fargerik baldakin
Siddhartha stopped at the entrance to the pleasure-garden
Siddhartha stoppet ved inngangen til fornøyelseshagen
and he watched the parade go by
og han så paraden gå forbi
he saw saw the servants and the maids
han så tjenerne og tjenestepikene
he saw the baskets and the sedan-chair
han så kurvene og sedan-stolen
and he saw the lady on the chair
og han så damen på stolen
Under her black hair he saw a very delicate face
Under det svarte håret hennes så han et veldig delikat ansikt
a bright red mouth, like a freshly cracked fig
en knallrød munn, som en nysprukket fiken
eyebrows which were well tended and painted in a high arch
øyenbryn som var velstelte og malt i en høy bue

they were smart and watchful dark eyes
de var smarte og vaktsomme mørke øyne
a clear, tall neck rose from a green and golden garment
en klar, høy halsrose fra et grønt og gyllent plagg
her hands were resting, long and thin
hendene hennes hviler, lange og tynne
she had wide golden bracelets over her wrists
hun hadde brede gyldne armbånd over håndleddene
Siddhartha saw how beautiful she was, and his heart rejoiced
Siddhartha så hvor vakker hun var, og hjertet hans gledet seg
He bowed deeply, when the sedan-chair came closer
Han bukket dypt da sedan-stolen kom nærmere
straightening up again, he looked at the fair, charming face
rettet seg opp igjen og så på det vakre, sjarmerende ansiktet
he read her smart eyes with the high arcs
han leste de smarte øynene hennes med de høye buene
he breathed in a fragrance of something he did not know
han pustet inn en duft av noe han ikke kjente
With a smile, the beautiful woman nodded for a moment
Med et smil nikket den vakre kvinnen et øyeblikk
then she disappeared into the garden
så forsvant hun ut i hagen
and then the servants disappeared as well
og så forsvant også tjenerne
"I am entering this city with a charming omen" Siddhartha thought
«Jeg går inn i denne byen med et sjarmerende tegn», tenkte Siddhartha
He instantly felt drawn into the garden
Han følte seg umiddelbart trukket inn i hagen
but he thought about his situation
men han tenkte på situasjonen sin
he became aware of how the servants and maids had looked at him

han ble klar over hvordan tjenerne og tjenestepikene hadde sett på ham

they thought him despicable, distrustful, and rejected him
de syntes han var foraktelig, mistroisk og avviste ham

"I am still a Samana" he thought
"Jeg er fortsatt en Samana" tenkte han

"I am still an ascetic and beggar"
"Jeg er fortsatt en asket og tigger"

"I must not remain like this"
"Jeg må ikke forbli slik"

"I will not be able to enter the garden like this," he laughed
«Jeg vil ikke kunne gå inn i hagen slik», lo han

he asked the next person who came along the path about the garden
spurte han nestemann som kom langs stien om hagen

and he asked for the name of the woman
og han spurte om navnet på kvinnen

he was told that this was the garden of Kamala, the famous courtesan
han ble fortalt at dette var hagen til Kamala, den berømte kurtisanen

and he was told that she also owned a house in the city
og han ble fortalt at hun også eide et hus i byen

Then, he entered the city with a goal
Så kom han inn i byen med et mål

Pursuing his goal, he allowed the city to suck him in
For å forfølge målet sitt lot han byen suge ham inn

he drifted through the flow of the streets
han drev gjennom strømmen av gatene

he stood still on the squares in the city
han sto stille på plassene i byen

he rested on the stairs of stone by the river
han hvilte på steintrappa ved elven

When the evening came, he made friends with a barber's assistant
Da kvelden kom, ble han venn med en frisørassistent

he had seen him working in the shade of an arch
han hadde sett ham jobbe i skyggen av en bue
and he found him again praying in a temple of Vishnu
og han fant ham igjen mens han ba i et tempel til Vishnu
he told about stories of Vishnu and the Lakshmi
han fortalte om historier om Vishnu og Lakshmi
Among the boats by the river, he slept this night
Blant båtene ved elva sov han denne natten
Siddhartha came to him before the first customers came into his shop
Siddhartha kom til ham før de første kundene kom inn i butikken hans
he had the barber's assistant shave his beard and cut his hair
han lot barberassistenten barbere skjegget og klippe håret
he combed his hair and anointed it with fine oil
han grammet håret og salvet det med fin olje
Then he went to take his bath in the river
Så gikk han for å bade i elven

late in the afternoon, beautiful Kamala approached her garden
sent på ettermiddagen nærmet vakre Kamala hagen hennes
Siddhartha was standing at the entrance again
Siddhartha sto ved inngangen igjen
he made a bow and received the courtesan's greeting
han bukket og mottok kurtisanens hilsen
he got the attention of one of the servant
han fikk oppmerksomheten til en av tjeneren
he asked him to inform his mistress
han ba ham informere sin elskerinne
"a young Brahman wishes to talk to her"
"en ung Brahman ønsker å snakke med henne"
After a while, the servant returned
Etter en stund kom tjeneren tilbake
the servant asked Siddhartha to follow him
tjeneren ba Siddhartha om å følge ham

Siddhartha followed the servant into a pavilion
Siddhartha fulgte tjeneren inn i en paviljong
here Kamala was lying on a couch
her lå Kamala på en sofa
and the servant left him alone with her
og tjeneren lot ham være alene med henne
"Weren't you also standing out there yesterday, greeting me?" asked Kamala
"Standte du ikke også der ute i går og hilste på meg?" spurte Kamala
"It's true that I've already seen and greeted you yesterday"
"Det er sant at jeg allerede har sett og hilst på deg i går"
"But didn't you yesterday wear a beard, and long hair?"
"Men hadde du ikke i går skjegg og langt hår?"
"and was there not dust in your hair?"
"og var det ikke støv i håret ditt?"
"You have observed well, you have seen everything"
"Du har observert godt, du har sett alt"
"You have seen Siddhartha, the son of a Brahman"
"Du har sett Siddhartha, sønnen til en brahman"
"the Brahman who has left his home to become a Samana"
"Brahmanen som har forlatt hjemmet sitt for å bli en Samana"
"the Brahman who has been a Samana for three years"
"Brahmanen som har vært en Samana i tre år"
"But now, I have left that path and came into this city"
"Men nå har jeg forlatt den veien og kommet inn i denne byen"
"and the first one I met, even before I had entered the city, was you"
"og den første jeg møtte, selv før jeg hadde kommet inn i byen, var deg"
"To say this, I have come to you, oh Kamala!"
"For å si dette, har jeg kommet til deg, å Kamala!"
"before, Siddhartha addressed all woman with his eyes to the ground"

"før henvendte Siddhartha alle kvinner med øynene mot bakken"
"You are the first woman whom I address otherwise"
"Du er den første kvinnen jeg henvender meg til ellers"
"Never again do I want to turn my eyes to the ground"
"Aldri igjen vil jeg vende øynene mine mot bakken"
"I won't turn when I'm coming across a beautiful woman"
"Jeg vil ikke snu når jeg møter en vakker kvinne"
Kamala smiled and played with her fan of peacocks' feathers
Kamala smilte og lekte med sin fan av påfuglfjær
"And only to tell me this, Siddhartha has come to me?"
"Og bare for å fortelle meg dette, har Siddhartha kommet til meg?"
"To tell you this and to thank you for being so beautiful"
"Å fortelle deg dette og takke deg for at du er så vakker"
"I would like to ask you to be my friend and teacher"
"Jeg vil gjerne be deg om å være min venn og lærer"
"for I know nothing yet of that art which you have mastered"
"for jeg vet ennå ingenting om den kunsten du har mestret"
At this, Kamala laughed aloud
Av dette lo Kamala høyt
"Never before this has happened to me, my friend"
"Aldri før dette har skjedd meg, min venn"
"a Samana from the forest came to me and wanted to learn from me!"
"en Samana fra skogen kom til meg og ville lære av meg!"
"Never before this has happened to me"
"Aldri før dette har skjedd meg"
"a Samana came to me with long hair and an old, torn loincloth!"
"en Samana kom til meg med langt hår og en gammel, revet lendeklede!"
"Many young men come to me"
"Mange unge menn kommer til meg"
"and there are also sons of Brahmans among them"

"og det er også sønner av brahmaner blant dem"
"but they come in beautiful clothes"
"men de kommer i vakre klær"
"they come in fine shoes"
"de kommer i fine sko"
"they have perfume in their hair
«de har parfyme i håret
"and they have money in their pouches"
"og de har penger i lommene"
"This is how the young men are like, who come to me"
"Slik er de unge mennene som kommer til meg"
Spoke Siddhartha, "Already I am starting to learn from you"
Siddhartha sa: "Jeg begynner allerede å lære av deg"
"Even yesterday, I was already learning"
"Selv i går lærte jeg allerede"
"I have already taken off my beard"
"Jeg har allerede tatt av meg skjegget"
"I have combed the hair"
"Jeg har kammet håret"
"and I have oil in my hair"
"og jeg har olje i håret"
"There is little which is still missing in me"
"Det er lite som fortsatt mangler i meg"
"oh excellent one, fine clothes, fine shoes, money in my pouch"
"å utmerket en, fine klær, fine sko, penger i vesken min"
"You shall know Siddhartha has set harder goals for himself"
"Du skal vite at Siddhartha har satt hardere mål for seg selv"
"and he has reached these goals"
"og han har nådd disse målene"
"How shouldn't I reach that goal?"
"Hvordan skal jeg ikke nå det målet?"
"the goal which I have set for myself yesterday"
"målet jeg satte meg i går"
"to be your friend and to learn the joys of love from you"

"å være din venn og lære kjærlighetens gleder fra deg"
"You'll see that I'll learn quickly, Kamala"
"Du skal se at jeg lærer raskt, Kamala"
"I have already learned harder things than what you're supposed to teach me"
"Jeg har allerede lært vanskeligere ting enn det du skal lære meg"
"And now let's get to it"
"Og la oss nå komme til det"
"You aren't satisfied with Siddhartha as he is?"
"Er du ikke fornøyd med Siddhartha som han er?"
"with oil in his hair, but without clothes"
"med olje i håret, men uten klær"
"Siddhartha without shoes, without money"
"Siddhartha uten sko, uten penger"
Laughing, Kamala exclaimed, "No, my dear"
Kamala ler utbrøt: "Nei, min kjære"
"he doesn't satisfy me, yet"
"han tilfredsstiller meg ikke ennå"
"Clothes are what he must have"
"Klær er det han må ha"
"pretty clothes, and shoes is what he needs"
"pene klær og sko er det han trenger"
"pretty shoes, and lots of money in his pouch"
"fine sko, og mye penger i posen"
"and he must have gifts for Kamala"
"og han må ha gaver til Kamala"
"Do you know it now, Samana from the forest?"
"Vet du det nå, Samana fra skogen?"
"Did you mark my words?"
"Har du merket ordene mine?"
"Yes, I have marked your words," Siddhartha exclaimed
"Ja, jeg har markert ordene dine," utbrøt Siddhartha
"How should I not mark words which are coming from such a mouth!"

"Hvordan skal jeg ikke merke ord som kommer fra en slik munn!"
"Your mouth is like a freshly cracked fig, Kamala"
"Munnen din er som en nysprukket fiken, Kamala"
"My mouth is red and fresh as well"
"Munnen min er rød og frisk også"
"it will be a suitable match for yours, you'll see"
"det vil være en passende match for deg, skal du se"
"But tell me, beautiful Kamala"
"Men fortell meg, vakre Kamala"
"aren't you at all afraid of the Samana from the forest""
"er du ikke redd for Samana fra skogen""
"the Samana who has come to learn how to make love"
"samanaen som har kommet for å lære å elske"
"Whatever for should I be afraid of a Samana?"
"Hva skulle jeg være redd for en Samana for?"
"a stupid Samana from the forest"
"en dum Samana fra skogen"
"a Samana who is coming from the jackals"
"en Samana som kommer fra sjakalene"
"a Samana who doesn't even know yet what women are?"
"en Samana som ikke engang vet hva kvinner er?"
"Oh, he's strong, the Samana"
"Å, han er sterk, Samanaen"
"and he isn't afraid of anything"
"og han er ikke redd for noe"
"He could force you, beautiful girl"
"Han kunne tvinge deg, vakre jente"
"He could kidnap you and hurt you"
"Han kunne kidnappe deg og skade deg"
"No, Samana, I am not afraid of this"
"Nei, Samana, jeg er ikke redd for dette"
"Did any Samana or Brahman ever fear someone might come and grab him?"
"Fryktet noen Samana eller Brahman noen gang at noen kunne komme og ta ham?"

"could he fear someone steals his learning?
"kunne han frykte at noen stjeler læringen hans?
"could anyone take his religious devotion"
"kan noen ta hans religiøse hengivenhet"
"is it possible to take his depth of thought?
"er det mulig å ta hans dybde i tankene?
"No, because these things are his very own"
"Nei, fordi disse tingene er hans helt egne"
"he would only give away the knowledge he is willing to give"
"han ville bare gi bort kunnskapen han er villig til å gi"
"he would only give to those he is willing to give to"
"han ville bare gi til de han er villig til å gi til"
"precisely like this it is also with Kamala"
"nøyaktig slik er det også med Kamala"
"and it is the same way with the pleasures of love"
"og det er på samme måte med kjærlighetens gleder"
"Beautiful and red is Kamala's mouth," answered Siddhartha
"Vakker og rød er Kamalas munn," svarte Siddhartha
"but don't try to kiss it against Kamala's will"
"men ikke prøv å kysse den mot Kamalas vilje"
"because you will not obtain a single drop of sweetness from it"
"fordi du ikke får en eneste dråpe sødme av det"
"You are learning easily, Siddhartha"
"Du lærer lett, Siddhartha"
"you should also learn this"
"du bør også lære dette"
"love can be obtained by begging, buying"
"kjærlighet kan oppnås ved å tigge, kjøpe"
"you can receive it as a gift"
"du kan få det i gave"
"or you can find it in the street"
"eller du kan finne den på gaten"
"but love cannot be stolen"
"men kjærlighet kan ikke stjeles"

"In this, you have come up with the wrong path"
"I dette har du kommet opp på feil vei"
"it would be a pity if you would want to tackle love in such a wrong manner"
"det ville være synd hvis du vil takle kjærlighet på en så feil måte"
Siddhartha bowed with a smile
Siddhartha bukket med et smil
"It would be a pity, Kamala, you are so right"
"Det ville være synd, Kamala, du har så rett"
"It would be such a great pity"
"Det ville vært veldig synd"
"No, I shall not lose a single drop of sweetness from your mouth"
"Nei, jeg skal ikke miste en eneste dråpe sødme fra munnen din"
"nor shall you lose sweetness from my mouth"
"Du skal heller ikke miste søtheten fra min munn"
"So it is agreed. Siddhartha will return"
"Så det er avtalt. Siddhartha kommer tilbake."
"Siddhartha will return once he has what he still lacks"
"Siddhartha kommer tilbake når han har det han fortsatt mangler"
"he will come back with clothes, shoes, and money"
"han kommer tilbake med klær, sko og penger"
"But speak, lovely Kamala, couldn't you still give me one small advice?"
"Men snakk, kjære Kamala, kunne du ikke fortsatt gi meg ett lite råd?"
"Give you an advice? Why not?"
"Gi deg et råd? Hvorfor ikke?"
"Who wouldn't like to give advice to a poor, ignorant Samana?"
"Hvem vil vel ikke gi råd til en stakkars, uvitende Samana?"
"Dear Kamala, where I should go to find these three things most quickly?"

"Kjære Kamala, hvor bør jeg gå for å finne disse tre tingene raskest?"
"Friend, many would like to know this"
"Venn, mange vil gjerne vite dette"
"You must do what you've learned and ask for money"
"Du må gjøre det du har lært og be om penger"
"There is no other way for a poor man to obtain money"
"Det er ingen annen måte for en fattig mann å skaffe penger"
"What might you be able to do?"
"Hva kan du kanskje gjøre?"
"I can think. I can wait. I can fast" said Siddhartha
"Jeg kan tenke. Jeg kan vente. Jeg kan faste," sa Siddhartha
"Nothing else?" asked Kamala
"Ikke noe annet?" spurte Kamala
"yes, I can also write poetry"
"ja, jeg kan også skrive poesi"
"Would you like to give me a kiss for a poem?"
"Vil du gi meg et kyss for et dikt?"
"I would like to, if I like your poem"
"Jeg vil gjerne, hvis jeg liker diktet ditt"
"What would be its title?"
"Hva skulle tittelen være?"
Siddhartha spoke, after he had thought about it for a moment
Siddhartha snakket, etter at han hadde tenkt på det et øyeblikk
"Into her shady garden stepped the pretty Kamala"
"Inn i den skyggefulle hagen hennes gikk den vakre Kamala"
"At the garden's entrance stood the brown Samana"
"Ved inngangen til hagen sto den brune Samana"
"Deeply, seeing the lotus's blossom, Bowed that man"
"Dypt, da han så lotusblomsten, bøyde han mannen"
"and smiling, Kamala thanked him"
"og smilende takket Kamala ham"
"More lovely, thought the young man, than offerings for gods"

«Herligere, tenkte den unge mannen, enn ofringer til guder»
Kamala clapped her hands so loud that the golden bracelets clanged
Kamala klappet i hendene så høyt at de gylne armbåndene klirret
"Beautiful are your verses, oh brown Samana"
"Vakre er versene dine, å brune Samana"
"and truly, I'm losing nothing when I'm giving you a kiss for them"
"og virkelig, jeg mister ingenting når jeg gir deg et kyss for dem"
She beckoned him with her eyes
Hun vinket ham med øynene
he tilted his head so that his face touched hers
han bøyde hodet slik at ansiktet hans rørte ved hennes
and he placed his mouth on her mouth
og han la munnen sin på munnen hennes
the mouth which was like a freshly cracked fig
munnen som var som en nysprukket fiken
For a long time, Kamala kissed him
I lang tid kysset Kamala ham
and with a deep astonishment Siddhartha felt how she taught him
og med en dyp forbauselse følte Siddhartha hvordan hun lærte ham
he felt how wise she was
han kjente hvor klok hun var
he felt how she controlled him
han kjente hvordan hun kontrollerte ham
he felt how she rejected him
han kjente hvordan hun avviste ham
he felt how she lured him
han kjente hvordan hun lokket ham
and he felt how there were to be more kisses
og han kjente hvordan det skulle bli flere kyss
every kiss was different from the others

hvert kyss var annerledes enn de andre
he was still, when he received the kisses
han var stille da han fikk kyssene
Breathing deeply, he remained standing where he was
Han pustet dypt og ble stående der han var
he was astonished like a child about the things worth learning
han var overrasket som et barn over det som var verdt å lære
the knowledge revealed itself before his eyes
kunnskapen åpenbarte seg foran øynene hans
"Very beautiful are your verses" exclaimed Kamala
"Veldig vakre er versene dine" utbrøt Kamala
"if I were rich, I would give you pieces of gold for them"
"hvis jeg var rik, ville jeg gitt deg gullbiter for dem"
"But it will be difficult for you to earn enough money with verses"
"Men det vil være vanskelig for deg å tjene nok penger med vers"
"because you need a lot of money, if you want to be Kamala's friend"
"fordi du trenger mye penger, hvis du vil være Kamalas venn"
"The way you're able to kiss, Kamala!" stammered Siddhartha
"Slik du er i stand til å kysse, Kamala!" stammet Siddhartha
"Yes, this I am able to do"
"Ja, dette kan jeg gjøre"
"therefore I do not lack clothes, shoes, bracelets"
"derfor mangler jeg ikke klær, sko, armbånd"
"I have all the beautiful things"
"Jeg har alle de vakre tingene"
"But what will become of you?"
"Men hva blir det av deg?"
"Aren't you able to do anything else?"
"Kan du ikke gjøre noe annet?"
"can you do more than think, fast, and make poetry?"
"kan du gjøre mer enn å tenke, faste og lage poesi?"

"I also know the sacrificial songs" said Siddhartha
"Jeg kan også offersangene," sa Siddhartha
"but I do not want to sing those songs anymore"
"men jeg vil ikke synge de sangene lenger"
"I also know how to make magic spells"
"Jeg vet også hvordan jeg lager magiske trollformler"
"but I do not want to speak them anymore"
"men jeg vil ikke snakke dem lenger"
"I have read the scriptures"
"Jeg har lest Skriftene"
"Stop!" Kamala interrupted him
"Stoppe!" Kamala avbrøt ham
"You're able to read and write?"
"Kan du lese og skrive?"
"Certainly, I can do this, many people can"
"Visst, jeg kan gjøre dette, mange mennesker kan"
"Most people can't," Kamala replied
«De fleste kan ikke», svarte Kamala
"I am also one of those who can't do it"
"Jeg er også en av de som ikke klarer det"
"It is very good that you're able to read and write"
"Det er veldig bra at du kan lese og skrive"
"you will also find use for the magic spells"
"du vil også finne bruk for magiske trollformler"
In this moment, a maid came running in
I dette øyeblikket kom en hushjelp løpende inn
she whispered a message into her mistress's ear
hvisket hun en melding i elskerinnens øre
"There's a visitor for me" exclaimed Kamala
"Det er en besøkende for meg" utbrøt Kamala
"Hurry and get yourself away, Siddhartha"
"Skynd deg og kom deg vekk, Siddhartha"
"nobody may see you in here, remember this!"
"ingen kan se deg her inne, husk dette!"
"Tomorrow, I'll see you again"
"I morgen, vi ses igjen"

Kamala ordered her maid to give Siddhartha white garments
Kamala beordret hushjelpen hennes å gi Siddhartha hvite plagg
and then Siddhartha found himself being dragged away by the maid
og så fant Siddhartha seg å bli dratt bort av hushjelpen
he was brought into a garden-house out of sight of any paths
han ble brakt inn i et hagehus utenfor syne av noen stier
then he was led into the bushes of the garden
så ble han ført inn i buskene i hagen
he was urged to get himself out of the garden as soon as possible
han ble oppfordret til å komme seg ut av hagen så snart som mulig
and he was told he must not be seen
og han ble fortalt at han ikke måtte bli sett
he did as he had been told
han gjorde som han ble fortalt
he was accustomed to the forest
han var vant til skogen
so he managed to get out without making a sound
så han klarte å komme seg ut uten å lage en lyd

he returned to the city carrying the rolled up garments under his arm
han vendte tilbake til byen med de sammenrullede plaggene under armen
At the inn, where travellers stay, he positioned himself by the door
På vertshuset, hvor reisende bor, plasserte han seg ved døren
without words he asked for food
uten ord ba han om mat
without a word he accepted a piece of rice-cake
uten et ord tok han imot et stykke riskake
he thought about how he had always begged
han tenkte på hvordan han alltid hadde tigget

"Perhaps as soon as tomorrow I will ask no one for food anymore"
"Kanskje så snart i morgen vil jeg ikke spørre noen om mat lenger"
Suddenly, pride flared up in him
Plutselig blusset stoltheten opp i ham
He was no Samana any more
Han var ingen Samana lenger
it was no longer appropriate for him to beg for food
det passet ikke lenger for ham å tigge om mat
he gave the rice-cake to a dog
han ga riskaken til en hund
and that night he remained without food
og den natten ble han uten mat
Siddhartha thought to himself about the city
Siddhartha tenkte for seg selv om byen
"Simple is the life which people lead in this world"
"Enkelt er livet som mennesker lever i denne verden"
"this life presents no difficulties"
"dette livet byr på ingen vanskeligheter"
"Everything was difficult and toilsome when I was a Samana"
"Alt var vanskelig og slitsomt da jeg var en Samana"
"as a Samana everything was hopeless"
"som en Samana var alt håpløst"
"but now everything is easy"
"men nå er alt lett"
"it is easy like the lesson in kissing from Kamala"
"det er enkelt som leksjonen i kyssing fra Kamala"
"I need clothes and money, nothing else"
"Jeg trenger klær og penger, ingenting annet"
"these goals are small and achievable"
"disse målene er små og oppnåelige"
"such goals won't make a person lose any sleep"
"slike mål vil ikke få en person til å miste søvn"

the next day he returned to Kamala's house
neste dag kom han tilbake til Kamalas hus
"Things are working out well" she called out to him
"Ting går bra" ropte hun til ham
"They are expecting you at Kamaswami's"
"De venter deg på Kamaswami's"
"he is the richest merchant of the city"
"han er den rikeste kjøpmannen i byen"
"If he likes you, he'll accept you into his service"
"Hvis han liker deg, vil han godta deg i sin tjeneste"
"but you must be smart, brown Samana"
"men du må være smart, brun Samana"
"I had others tell him about you"
"Jeg fikk andre til å fortelle ham om deg"
"Be polite towards him, he is very powerful"
"Vær høflig mot ham, han er veldig mektig"
"But I warn you, don't be too modest!"
"Men jeg advarer deg, ikke vær for beskjeden!"
"I do not want you to become his servant"
"Jeg vil ikke at du skal bli hans tjener"
"you shall become his equal"
"du skal bli hans likemann"
"or else I won't be satisfied with you"
"ellers vil jeg ikke være fornøyd med deg"
"Kamaswami is starting to get old and lazy"
"Kamaswami begynner å bli gammel og lat"
"If he likes you, he'll entrust you with a lot"
"Hvis han liker deg, vil han betro deg mye"
Siddhartha thanked her and laughed
Siddhartha takket henne og lo
she found out that he had not eaten
hun fant ut at han ikke hadde spist
so she sent him bread and fruits
så hun sendte ham brød og frukt
"You've been lucky" she said when they parted
"Du har vært heldig" sa hun da de skiltes

"I'm opening one door after another for you"
"Jeg åpner den ene døren etter den andre for deg"
"How come? Do you have a spell?"
"Hvorfor? Har du en trolldom?"
"I told you I knew how to think, to wait, and to fast"
"Jeg sa at jeg visste hvordan jeg skulle tenke, vente og faste"
"but you thought this was of no use"
"men du trodde dette ikke var til noen nytte"
"But it is useful for many things"
"Men den er nyttig til mange ting"
"Kamala, you'll see that the stupid Samanas are good at learning"
"Kamala, du vil se at de dumme Samanaene er flinke til å lære"
"you'll see they are able to do many pretty things in the forest"
"du vil se at de er i stand til å gjøre mange vakre ting i skogen"
"things which the likes of you aren't capable of"
"ting som slike som deg ikke er i stand til"
"The day before yesterday, I was still a shaggy beggar"
"I forgårs var jeg fortsatt en lurvete tigger"
"as recently as yesterday I have kissed Kamala"
"så sent som i går har jeg kysset Kamala"
"and soon I'll be a merchant and have money"
"og snart er jeg kjøpmann og har penger"
"and I'll have all those things you insist upon"
"og jeg vil ha alle de tingene du insisterer på"
"Well yes," she admitted, "but where would you be without me?"
"Vel ja," innrømmet hun, "men hvor ville du vært uten meg?"
"What would you be, if Kamala wasn't helping you?"
"Hva ville du vært hvis Kamala ikke hjalp deg?"
"Dear Kamala" said Siddhartha
"Kjære Kamala" sa Siddhartha
and he straightened up to his full height
og han rettet seg opp til sin fulle høyde

"when I came to you into your garden, I did the first step"
"da jeg kom til deg i hagen din, gjorde jeg det første skrittet"
"It was my resolution to learn love from this most beautiful woman"
"Det var min beslutning å lære kjærlighet fra denne vakreste kvinnen"
"that moment I had made this resolution"
"det øyeblikket jeg hadde tatt denne resolusjonen"
"and I knew I would carry it out"
"og jeg visste at jeg ville gjennomføre det"
"I knew that you would help me"
"Jeg visste at du ville hjelpe meg"
"at your first glance at the entrance of the garden I already knew it"
"ved ditt første blikk ved inngangen til hagen visste jeg det allerede"
"But what if I hadn't been willing?" asked Kamala
"Men hva om jeg ikke hadde vært villig?" spurte Kamala
"You were willing" replied Siddhartha
"Du var villig" svarte Siddhartha
"When you throw a rock into water, it takes the fastest course to the bottom"
"Når du kaster en stein i vann, tar den den raskeste kursen til bunnen"
"This is how it is when Siddhartha has a goal"
"Slik er det når Siddhartha har et mål"
"Siddhartha does nothing; he waits, he thinks, he fasts"
"Siddhartha gjør ingenting; han venter, han tenker, han faster"
"but he passes through the things of the world like a rock through water"
"men han går gjennom verdens ting som en stein gjennom vann"
"he passed through the water without doing anything"
"han gikk gjennom vannet uten å gjøre noe"
"he is drawn to the bottom of the water"
"han blir trukket til bunnen av vannet"

"**he lets himself fall to the bottom of the water**"
"han lar seg falle til bunnen av vannet"
"**His goal attracts him towards it**"
"Målet hans tiltrekker ham mot det"
"**he doesn't let anything enter his soul which might oppose the goal**"
"han slipper ikke noe inn i sjelen hans som kan motsette seg målet"
"**This is what Siddhartha has learned among the Samanas**"
"Dette er hva Siddhartha har lært blant Samanaene"
"**This is what fools call magic**"
"Dette er det idioter kaller magi"
"**they think it is done by daemons**"
"de tror det er gjort av demoner"
"**but nothing is done by daemons**"
"men ingenting blir gjort av demoner"
"**there are no daemons in this world**"
"det er ingen demoner i denne verden"
"**Everyone can perform magic, should they choose to**"
"Alle kan utføre magi, hvis de velger det"
"**everyone can reach his goals if he is able to think**"
"alle kan nå sine mål hvis han er i stand til å tenke"
"**everyone can reach his goals if he is able to wait**"
"alle kan nå målene sine hvis han klarer å vente"
"**everyone can reach his goals if he is able to fast**"
"alle kan nå sine mål hvis han er i stand til å faste"
Kamala listened to him; she loved his voice
Kamala lyttet til ham; hun elsket stemmen hans
she loved the look from his eyes
hun elsket blikket fra øynene hans
"**Perhaps it is as you say, friend**"
"Kanskje det er som du sier, venn"
"**But perhaps there is another explanation**"
"Men det er kanskje en annen forklaring"
"**Siddhartha is a handsome man**"
"Siddhartha er en kjekk mann"

"his glance pleases the women"
"blikket hans gleder kvinnene"
"good fortune comes towards him because of this"
"lykke kommer mot ham på grunn av dette"
With one kiss, Siddhartha bid his farewell
Med ett kyss tok Siddhartha farvel
"I wish that it should be this way, my teacher"
"Jeg skulle ønske at det skulle være slik, læreren min"
"I wish that my glance shall please you"
"Jeg ønsker at mitt blikk skal glede deg"
"I wish that that you always bring me good fortune"
"Jeg ønsker at du alltid bringer meg lykke"

With the Childlike People
Med de barnlige menneskene

Siddhartha went to Kamaswami the merchant
Siddhartha dro til kjøpmannen Kamaswami
he was directed into a rich house
han ble ledet inn i et rikt hus
servants led him between precious carpets into a chamber
tjenere førte ham mellom dyrebare tepper inn i et kammer
in the chamber was where he awaited the master of the house
i kammeret var der han ventet på husets herre
Kamaswami entered swiftly into the room
Kamaswami kom raskt inn i rommet
he was a smoothly moving man
han var en jevnt bevegelig mann
he had very gray hair and very intelligent, cautious eyes
han hadde veldig grått hår og veldig intelligente, forsiktige øyne
and he had a greedy mouth
og han hadde en grådig munn
Politely, the host and the guest greeted one another
Høflig hilste verten og gjesten på hverandre
"I have been told that you were a Brahman" the merchant began
"Jeg har blitt fortalt at du var en brahman" begynte kjøpmannen
"I have been told that you are a learned man"
"Jeg har blitt fortalt at du er en lærd mann"
"and I have also been told something else"
"og jeg har også blitt fortalt noe annet"
"you seek to be in the service of a merchant"
"du søker å være i tjeneste for en kjøpmann"
"Might you have become destitute, Brahman, so that you seek to serve?"
"Kan du ha blitt fattig, Brahman, slik at du søker å tjene?"

"No," said Siddhartha, "I have not become destitute"
"Nei," sa Siddhartha, "jeg har ikke blitt fattig"
"nor have I ever been destitute" added Siddhartha
"Jeg har heller aldri vært nødlidende," la Siddhartha til
"You should know that I'm coming from the Samanas"
"Du burde vite at jeg kommer fra Samanas"
"I have lived with them for a long time"
"Jeg har bodd med dem lenge"
"you are coming from the Samanas"
"du kommer fra Samanas"
"how could you be anything but destitute?"
"hvordan kan du være annet enn fattig?"
"Aren't the Samanas entirely without possessions?"
"Er ikke Samanaene helt uten eiendeler?"
"I am without possessions, if that is what you mean" said Siddhartha
"Jeg er uten eiendeler, hvis det er det du mener," sa Siddhartha
"But I am without possessions voluntarily"
"Men jeg er uten eiendeler frivillig"
"and therefore I am not destitute"
"og derfor er jeg ikke fattig"
"But what are you planning to live from, being without possessions?"
"Men hva planlegger du å leve av, å være uten eiendeler?"
"I haven't thought of this yet, sir"
"Jeg har ikke tenkt på dette ennå, sir"
"For more than three years, I have been without possessions"
"I mer enn tre år har jeg vært uten eiendeler"
"and I have never thought about of what I should live"
"og jeg har aldri tenkt på hva jeg skal leve"
"So you've lived of the possessions of others"
"Så du har levd av andres eiendeler"
"Presumable, this is how it is?"
"Antagelig, er det slik det er?"
"Well, merchants also live of what other people own"
"Vel, kjøpmenn lever også av det andre eier"

"Well said," granted the merchant
"Vel sagt," innrømmet kjøpmannen
"But he wouldn't take anything from another person for nothing"
"Men han ville ikke ta noe fra en annen person for ingenting"
"he would give his merchandise in return" said Kamaswami
"han ville gi varene sine i retur," sa Kamaswami
"So it seems to be indeed"
"Så det ser ut til å være"
"Everyone takes, everyone gives, such is life"
"Alle tar, alle gir, slik er livet"
"But if you don't mind me asking, I have a question"
"Men hvis du ikke har noe imot at jeg spør, har jeg et spørsmål"
"being without possessions, what would you like to give?"
"å være uten eiendeler, hva vil du gi?"
"Everyone gives what he has"
"Alle gir det de har"
"The warrior gives strength"
"Krigeren gir styrke"
"the merchant gives merchandise"
"kjøpmannen gir varer"
"the teacher gives teachings"
"læreren gir lære"
"the farmer gives rice"
"bonden gir ris"
"the fisher gives fish"
"fiskeren gir fisk"
"Yes indeed. And what is it that you've got to give?"
"Ja faktisk. Og hva er det du har å gi?"
"What is it that you've learned?"
"Hva er det du har lært?"
"what you're able to do?"
"hva klarer du?"
"I can think. I can wait. I can fast"
"Jeg kan tenke. Jeg kan vente. Jeg kan faste"

"That's everything?" asked Kamaswami
"Det er alt?" spurte Kamaswami
"I believe that is everything there is!"
"Jeg tror det er alt som finnes!"
"And what's the use of that?"
"Og hva er nytten med det?"
"For example; fasting. What is it good for?"
"For eksempel; faste. Hva er det godt for?"
"It is very good, sir"
"Det er veldig bra, sir"
"there are times a person has nothing to eat"
"Det er tider at en person ikke har noe å spise"
"then fasting is the smartest thing he can do"
"da er faste det smarteste han kan gjøre"
"there was a time where Siddhartha hadn't learned to fast"
"det var en tid hvor Siddhartha ikke hadde lært å faste"
"in this time he had to accept any kind of service"
"i denne tiden måtte han akseptere enhver form for tjeneste"
"because hunger would force him to accept the service"
"fordi sult ville tvinge ham til å akseptere tjenesten"
"But like this, Siddhartha can wait calmly"
"Men slik kan Siddhartha vente rolig"
"he knows no impatience, he knows no emergency"
"han kjenner ingen utålmodighet, han kjenner ingen nødsituasjon"
"for a long time he can allow hunger to besiege him"
"i lang tid kan han tillate sult å beleire ham"
"and he can laugh about the hunger"
"og han kan le av sulten"
"This, sir, is what fasting is good for"
"Dette, sir, er hva faste er bra for"
"You're right, Samana" acknowledged Kamaswami
"Du har rett, Samana" erkjente Kamaswami
"Wait for a moment" he asked of his guest
"Vent litt" spurte han gjesten
Kamaswami left the room and returned with a scroll

Kamaswami forlot rommet og kom tilbake med en rulle
he handed Siddhartha the scroll and asked him to read it
han ga Siddhartha bokrullen og ba ham lese den
Siddhartha looked at the scroll handed to him
Siddhartha så på bokrullen som ble gitt ham
on the scroll a sales-contract had been written
på rullen var det skrevet en salgskontrakt
he began to read out the scroll's contents
han begynte å lese opp rullens innhold
Kamaswami was very pleased with Siddhartha
Kamaswami var veldig fornøyd med Siddhartha
"would you write something for me on this piece of paper?"
"Vil du skrive noe til meg på denne lappen?"
He handed him a piece of paper and a pen
Han ga ham et stykke papir og en penn
Siddhartha wrote, and returned the paper
Siddhartha skrev, og returnerte papiret
Kamaswami read, "Writing is good, thinking is better"
Kamaswami leste: "Å skrive er bra, å tenke er bedre"
"Being smart is good, being patient is better"
"Å være smart er bra, å være tålmodig er bedre"
"It is excellent how you're able to write" the merchant praised him
«Det er utmerket hvordan du kan skrive», roste kjøpmannen ham
"Many a thing we will still have to discuss with one another"
"Mange ting vil vi fortsatt måtte diskutere med hverandre"
"For today, I'm asking you to be my guest"
"For i dag ber jeg deg om å være min gjest"
"please come to live in this house"
"vær så snill, kom å bo i dette huset"
Siddhartha thanked Kamaswami and accepted his offer
Siddhartha takket Kamaswami og godtok tilbudet hans
he lived in the dealer's house from now on
han bodde i forhandlerens hus fra nå av
Clothes were brought to him, and shoes

Klær ble brakt til ham, og sko
and every day, a servant prepared a bath for him
og hver dag laget en tjener et bad for ham

Twice a day, a plentiful meal was served
To ganger om dagen ble det servert et rikelig måltid
but Siddhartha only ate once a day
men Siddhartha spiste bare en gang om dagen
and he ate neither meat, nor did he drink wine
og han åt ikke kjøtt og drakk ikke vin
Kamaswami told him about his trade
Kamaswami fortalte ham om handelen hans
he showed him the merchandise and storage-rooms
han viste ham varene og lagerrommene
he showed him how the calculations were done
han viste ham hvordan beregningene ble gjort
Siddhartha got to know many new things
Siddhartha ble kjent med mange nye ting
he heard a lot and spoke little
han hørte mye og snakket lite
but he did not forget Kamala's words
men han glemte ikke Kamalas ord
so he was never subservient to the merchant
så han var aldri underordnet kjøpmannen
he forced him to treat him as an equal
han tvang ham til å behandle ham som en likeverdig
perhaps he forced him to treat him as even more than an equal
kanskje han tvang ham til å behandle ham som enda mer enn en likeverdig
Kamaswami conducted his business with care
Kamaswami drev sin virksomhet med omhu
and he was very passionate about his business
og han var veldig lidenskapelig opptatt av virksomheten sin
but Siddhartha looked upon all of this as if it was a game
men Siddhartha så på alt dette som om det var et spill

he tried hard to learn the rules of the game precisely
han prøvde hardt å lære spillereglene nøyaktig
but the contents of the game did not touch his heart
men innholdet i spillet rørte ikke hjertet hans
He had not been in Kamaswami's house for long
Han hadde ikke vært i Kamaswamis hus på lenge
but soon he took part in his landlord's business
men snart tok han del i godseierens virksomhet

every day he visited beautiful Kamala
hver dag besøkte han vakre Kamala
Kamala had an hour appointed for their meetings
Kamala hadde satt av en time til møtene deres
she was wearing pretty clothes and fine shoes
hun hadde pene klær og fine sko
and soon he brought her gifts as well
og snart kom han med gaver til henne også
Much he learned from her red, smart mouth
Mye han lærte av den røde, smarte munnen hennes
Much he learned from her tender, supple hand
Mye han lærte av hennes ømme, smidige hånd
regarding love, Siddhartha was still a boy
angående kjærlighet var Siddhartha fortsatt en gutt
and he had a tendency to plunge into love blindly
og han hadde en tendens til å kaste seg inn i kjærligheten blindt
he fell into lust like into a bottomless pit
han falt i begjær som i en bunnløs avgrunn
she taught him thoroughly, starting with the basics
hun lærte ham grundig, og begynte med det grunnleggende
pleasure cannot be taken without giving pleasure
glede kan ikke tas uten å gi glede
every gesture, every caress, every touch, every look
hver gest, hvert kjærtegn, hver berøring, hvert blikk
every spot of the body, however small it was, had its secret

hver flekk på kroppen, uansett hvor liten den var, hadde sin hemmelighet
the secrets would bring happiness to those who know them
hemmelighetene ville bringe lykke til de som kjenner dem
lovers must not part from one another after celebrating love
elskere må ikke skilles fra hverandre etter å ha feiret kjærligheten
they must not part without one admiring the other
de må ikke skilles uten at den ene beundrer den andre
they must be as defeated as they have been victorious
de må være like beseiret som de har vunnet
neither lover should start feeling fed up or bored
ingen av elskerne bør begynne å føle seg lei eller lei seg
they should not get the evil feeling of having been abusive
de skal ikke få den onde følelsen av å ha vært voldelig
and they should not feel like they have been abused
og de skal ikke føle at de har blitt misbrukt
Wonderful hours he spent with the beautiful and smart artist
Fantastiske timer han tilbrakte med den vakre og smarte kunstneren
he became her student, her lover, her friend
han ble hennes student, hennes elsker, hennes venn
Here with Kamala was the worth and purpose of his present life
Her med Kamala var verdien og hensikten med hans nåværende liv
his purpose was not with the business of Kamaswami
hans hensikt var ikke med Kamaswamis virksomhet

Siddhartha received important letters and contracts
Siddhartha mottok viktige brev og kontrakter
Kamaswami began discussing all important affairs with him
Kamaswami begynte å diskutere alle viktige saker med ham
He soon saw that Siddhartha knew little about rice and wool
Han så snart at Siddhartha visste lite om ris og ull

but he saw that he acted in a fortunate manner
men han så at han handlet på en heldig måte
and Siddhartha surpassed him in calmness and equanimity
og Siddhartha overgikk ham i ro og likevekt
he surpassed him in the art of understanding previously unknown people
han overgikk ham i kunsten å forstå tidligere ukjente mennesker
Kamaswami spoke about Siddhartha to a friend
Kamaswami snakket om Siddhartha til en venn
"This Brahman is no proper merchant"
"Denne Brahman er ingen ordentlig kjøpmann"
"he will never be a merchant"
"han vil aldri bli en kjøpmann"
"for business there is never any passion in his soul"
"for business er det aldri noen lidenskap i hans sjel"
"But he has a mysterious quality about him"
"Men han har en mystisk egenskap ved seg"
"this quality brings success about all by itself"
"denne egenskapen gir suksess helt av seg selv"
"it could be from a good Star of his birth"
"det kan være fra en god stjerne fra hans fødsel"
"or it could be something he has learned among Samanas"
"eller det kan være noe han har lært blant Samanas"
"He always seems to be merely playing with our business-affairs"
"Han ser alltid ut til å bare leke med våre forretningssaker"
"his business never fully becomes a part of him"
"virksomheten hans blir aldri helt en del av ham"
"his business never rules over him"
"virksomheten hans styrer aldri over ham"
"he is never afraid of failure"
"han er aldri redd for å mislykkes"
"he is never upset by a loss"
"han er aldri opprørt av et tap"
The friend advised the merchant

Vennen rådet kjøpmannen
"Give him a third of the profits he makes for you"
"Gi ham en tredjedel av fortjenesten han tjener for deg"
"but let him also be liable when there are losses"
"men la han også være ansvarlig når det er tap"
"Then, he'll become more zealous"
"Da vil han bli mer ivrig"
Kamaswami was curious, and followed the advice
Kamaswami var nysgjerrig, og fulgte rådene
But Siddhartha cared little about loses or profits
Men Siddhartha brydde seg lite om tap eller fortjeneste
When he made a profit, he accepted it with equanimity
Når han fikk overskudd, aksepterte han det med sinnsro
when he made losses, he laughed it off
når han tapte, lo han av det
It seemed indeed, as if he did not care about the business
Det virket faktisk som om han ikke brydde seg om virksomheten
At one time, he travelled to a village
En gang reiste han til en landsby
he went there to buy a large harvest of rice
han dro dit for å kjøpe en stor rishøst
But when he got there, the rice had already been sold
Men da han kom dit, var risen allerede solgt
another merchant had gotten to the village before him
en annen kjøpmann var kommet til landsbyen før ham
Nevertheless, Siddhartha stayed for several days in that village
Likevel ble Siddhartha i flere dager i den landsbyen
he treated the farmers for a drink
han spanderte en drink på bøndene
he gave copper-coins to their children
han ga kobbermynter til barna deres
he joined in the celebration of a wedding
han ble med på feiringen av et bryllup
and he returned extremely satisfied from his trip

og han kom svært fornøyd tilbake fra turen
Kamaswami was angry that Siddhartha had wasted time and money
Kamaswami var sint over at Siddhartha hadde kastet bort tid og penger
Siddhartha answered "Stop scolding, dear friend!"
Siddhartha svarte "Slutt å skjenn ut, kjære venn!"
"Nothing was ever achieved by scolding"
"Ingenting ble noen gang oppnådd ved å skjelle ut"
"If a loss has occurred, let me bear that loss"
"Hvis et tap har skjedd, la meg bære det tapet"
"I am very satisfied with this trip"
"Jeg er veldig fornøyd med denne turen"
"I have gotten to know many kinds of people"
"Jeg har blitt kjent med mange typer mennesker"
"a Brahman has become my friend"
"en brahman har blitt min venn"
"children have sat on my knees"
"barn har sittet på knærne mine"
"farmers have shown me their fields"
"bønder har vist meg åkrene sine"
"nobody knew that I was a merchant"
"ingen visste at jeg var en kjøpmann"
"That's all very nice," exclaimed Kamaswami indignantly
"Det er veldig hyggelig alt sammen," utbrøt Kamaswami indignert
"but in fact, you are a merchant after all"
"men faktisk er du tross alt en kjøpmann"
"Or did you have only travel for your amusement?"
"Eller hadde du bare reise for å fornøye deg?"
"of course I have travelled for my amusement" Siddhartha laughed
"selvfølgelig har jeg reist for å glede meg" lo Siddhartha
"For what else would I have travelled?"
"For hva annet skulle jeg ha reist?"
"I have gotten to know people and places"

"Jeg har blitt kjent med mennesker og steder"
"I have received kindness and trust"
"Jeg har mottatt vennlighet og tillit"
"I have found friendships in this village"
"Jeg har funnet vennskap i denne landsbyen"
"if I had been Kamaswami, I would have travelled back annoyed"
"hvis jeg hadde vært Kamaswami, ville jeg reist irritert tilbake"
"I would have been in hurry as soon as my purchase failed"
"Jeg ville ha hatt det travelt så snart kjøpet mitt mislyktes"
"and time and money would indeed have been lost"
"og tid og penger ville virkelig ha gått tapt"
"But like this, I've had a few good days"
"Men sånn har jeg hatt noen gode dager"
"I've learned from my time there"
"Jeg har lært av tiden min der"
"and I have had joy from the experience"
"og jeg har hatt glede av opplevelsen"
"I've neither harmed myself nor others by annoyance and hastiness"
"Jeg har verken skadet meg selv eller andre ved irritasjon og hastverk"
"if I ever return friendly people will welcome me"
"hvis jeg noen gang kommer tilbake, vil vennlige mennesker ønske meg velkommen"
"if I return to do business friendly people will welcome me too"
"hvis jeg kommer tilbake for å gjøre forretninger vil vennlige folk også ønske meg velkommen"
"I praise myself for not showing any hurry or displeasure"
"Jeg priser meg selv for ikke å ha vist hastverk eller misnøye"
"So, leave it as it is, my friend"
"Så la det være som det er, min venn"
"and don't harm yourself by scolding"
"og ikke skade deg selv ved å skjelle ut"

"If you see Siddhartha harming himself, then speak with me"
"Hvis du ser Siddhartha skade seg selv, så snakk med meg"
"and Siddhartha will go on his own path"
"og Siddhartha vil gå på sin egen vei"
"But until then, let's be satisfied with one another"
"Men inntil da, la oss være fornøyde med hverandre"
the merchant's attempts to convince Siddhartha were futile
kjøpmannens forsøk på å overbevise Siddhartha var forgjeves
he could not make Siddhartha eat his bread
han kunne ikke få Siddhartha til å spise brødet sitt
Siddhartha ate his own bread
Siddhartha spiste sitt eget brød
or rather, they both ate other people's bread
eller rettere sagt, de spiste begge andres brød
Siddhartha never listened to Kamaswami's worries
Siddhartha lyttet aldri til Kamaswamis bekymringer
and Kamaswami had many worries he wanted to share
og Kamaswami hadde mange bekymringer han ønsket å dele
there were business-deals going on in danger of failing
det var forretningsavtaler på gang i fare for å mislykkes
shipments of merchandise seemed to have been lost
forsendelser av varer så ut til å ha gått tapt
debtors seemed to be unable to pay
skyldnere så ut til å være ute av stand til å betale
Kamaswami could never convince Siddhartha to utter words of worry
Kamaswami kunne aldri overbevise Siddhartha til å si bekymringsord
Kamaswami could not make Siddhartha feel anger towards business
Kamaswami kunne ikke få Siddhartha til å føle sinne mot virksomheten
he could not get him to to have wrinkles on the forehead
han kunne ikke få ham til å ha rynker i pannen
he could not make Siddhartha sleep badly

han kunne ikke få Siddhartha til å sove dårlig

one day, Kamaswami tried to speak with Siddhartha
en dag prøvde Kamaswami å snakke med Siddhartha
"Siddhartha, you have failed to learn anything new"
"Siddhartha, du har ikke klart å lære noe nytt"
but again, Siddhartha laughed at this
men igjen, Siddhartha lo av dette
"Would you please not kid me with such jokes"
"Vil du ikke tulle meg med slike vitser"
"What I've learned from you is how much a basket of fish costs"
"Det jeg har lært av deg er hvor mye en kurv med fisk koster"
"and I learned how much interest may be charged on loaned money"
"og jeg lærte hvor mye renter som kan kreves på utlånte penger"
"These are your areas of expertise"
"Dette er dine kompetanseområder"
"I haven't learned to think from you, my dear Kamaswami"
"Jeg har ikke lært å tenke fra deg, min kjære Kamaswami"
"you ought to be the one seeking to learn from me"
"du burde være den som prøver å lære av meg"
Indeed his soul was not with the trade
Sannelig var hans sjel ikke med i handelen
The business was good enough to provide him with money for Kamala
Virksomheten var god nok til å gi ham penger til Kamala
and it earned him much more than he needed
og det tjente ham mye mer enn han trengte
Besides Kamala, Siddhartha's curiosity was with the people
Foruten Kamala, var Siddharthas nysgjerrighet hos folket
their businesses, crafts, worries, and pleasures
deres virksomheter, håndverk, bekymringer og fornøyelser
all these things used to be alien to him
alle disse tingene pleide å være fremmede for ham

their acts of foolishness used to be as distant as the moon
deres dårskap pleide å være like fjern som månen
he easily succeeded in talking to all of them
han lyktes lett i å snakke med dem alle
he could live with all of them
han kunne leve med dem alle sammen
and he could continue to learn from all of them
og han kunne fortsette å lære av dem alle
but there was something which separated him from them
men det var noe som skilte ham fra dem
he could feel a divide between him and the people
han kunne føle et skille mellom ham og folket
this separating factor was him being a Samana
denne skillefaktoren var at han var en Samana
He saw mankind going through life in a childlike manner
Han så menneskeheten gå gjennom livet på en barnlig måte
in many ways they were living the way animals live
på mange måter levde de slik dyrene lever
he loved and also despised their way of life
han elsket og foraktet også deres livsstil
He saw them toiling and suffering
Han så dem slite og lide
they were becoming gray for things unworthy of this price
de ble grå for ting uverdige til denne prisen
they did things for money and little pleasures
de gjorde ting for penger og små fornøyelser
they did things for being slightly honoured
de gjorde ting for å bli litt æret
he saw them scolding and insulting each other
han så dem skjelle ut og fornærme hverandre
he saw them complaining about pain
han så dem klage over smerte
pains at which a Samana would only smile
smerter som en Samana bare smilte til
and he saw them suffering from deprivations
og han så dem lide av nød

deprivations which a Samana would not feel
deprivasjoner som en Samana ikke ville føle
He was open to everything these people brought his way
Han var åpen for alt disse menneskene kom med
welcome was the merchant who offered him linen for sale
velkommen var kjøpmannen som tilbød ham lin for salg
welcome was the debtor who sought another loan
velkommen var skyldneren som søkte et annet lån
welcome was the beggar who told him the story of his poverty
velkommen var tiggeren som fortalte ham historien om hans fattigdom
the beggar who was not half as poor as any Samana
tiggeren som ikke var halvparten så fattig som noen Samana
He did not treat the rich merchant and his servant different
Han behandlet ikke den rike kjøpmannen og hans tjener annerledes
he let street-vendor cheat him when buying bananas
han lot gateselger lure ham når han kjøpte bananer
Kamaswami would often complain to him about his worries
Kamaswami klaget ofte til ham over bekymringene hans
or he would reproach him about his business
eller han ville bebreide ham for hans virksomhet
he listened curiously and happily
han lyttet nysgjerrig og glad
but he was puzzled by his friend
men han ble forvirret av vennen sin
he tried to understand him
han prøvde å forstå ham
and he admitted he was right, up to a certain point
og han innrømmet at han hadde rett, til et visst punkt
there were many who asked for Siddhartha
det var mange som spurte etter Siddhartha
many wanted to do business with him
mange ønsket å gjøre forretninger med ham
there were many who wanted to cheat him

det var mange som ville lure ham
many wanted to draw some secret out of him
mange ønsket å trekke en hemmelighet ut av ham
many wanted to appeal to his sympathy
mange ønsket å appellere til hans sympati
many wanted to get his advice
mange ønsket å få hans råd
He gave advice to those who wanted it
Han ga råd til de som ønsket det
he pitied those who needed pity
han syntes synd på dem som trengte medlidenhet
he made gifts to those who liked presents
han ga gaver til dem som likte gaver
he let some cheat him a bit
han lot noen jukse ham litt
this game which all people played occupied his thoughts
dette spillet som alle mennesker spilte opptok tankene hans
he thought about this game just as much as he had about the Gods
han tenkte på dette spillet like mye som han hadde på gudene
deep in his chest he felt a dying voice
dypt i brystet kjente han en døende stemme
this voice admonished him quietly
denne stemmen formanet ham stille
and he hardly perceived the voice inside of himself
og han oppfattet nesten ikke stemmen i seg selv
And then, for an hour, he became aware of something
Og så, i en time, ble han klar over noe
he became aware of the strange life he was leading
han ble klar over det merkelige livet han førte
he realized this life was only a game
han innså at dette livet bare var et spill
at times he would feel happiness and joy
til tider følte han lykke og glede
but real life was still passing him by
men det virkelige liv gikk fortsatt forbi ham

and it was passing by without touching him
og den gikk forbi uten å røre ham
Siddhartha played with his business-deals
Siddhartha lekte med sine forretningsavtaler
Siddhartha found amusement in the people around him
Siddhartha fant moro i menneskene rundt ham
but regarding his heart, he was not with them
men angående sitt hjerte var han ikke med dem
The source ran somewhere, far away from him
Kilden løp et sted, langt unna ham
it ran and ran invisibly
den løp og løp usynlig
it had nothing to do with his life any more
det hadde ingenting med livet hans å gjøre lenger
at several times he became scared on account of such thoughts
flere ganger ble han redd på grunn av slike tanker
he wished he could participate in all of these childlike games
han skulle ønske han kunne delta i alle disse barnlige lekene
he wanted to really live
han ville virkelig leve
he wanted to really act in their theatre
han ønsket å virkelig spille i teatret deres
he wanted to really enjoy their pleasures
han ville virkelig nyte deres gleder
and he wanted to live, instead of just standing by as a spectator
og han ville leve, i stedet for å bare stå ved siden av som tilskuer

But again and again, he came back to beautiful Kamala
Men igjen og igjen kom han tilbake til vakre Kamala
he learned the art of love
han lærte kjærlighetens kunst
and he practised the cult of lust

og han praktiserte lystens kult
lust, in which giving and taking becomes one
begjær, der det å gi og ta blir ett
he chatted with her and learned from her
han pratet med henne og lærte av henne
he gave her advice, and he received her advice
han ga henne råd, og han fikk rådene hennes
She understood him better than Govinda used to understand him
Hun forsto ham bedre enn Govinda pleide å forstå ham
she was more similar to him than Govinda had been
hun var mer lik ham enn Govinda hadde vært
"You are like me," he said to her
"Du er som meg," sa han til henne
"you are different from most people"
"du er annerledes enn folk flest"
"You are Kamala, nothing else"
"Du er Kamala, ingenting annet"
"and inside of you, there is a peace and refuge"
"og inne i deg er det fred og tilflukt"
"a refuge to which you can go at every hour of the day"
"et fristed du kan gå til hver time på dagen"
"you can be at home with yourself"
"du kan være hjemme med deg selv"
"I can do this too"
"Dette kan jeg også"
"Few people have this place"
"Få mennesker har dette stedet"
"and yet all of them could have it"
"og likevel kunne alle ha det"
"Not all people are smart" said Kamala
"Ikke alle mennesker er smarte," sa Kamala
"No," said Siddhartha, "that's not the reason why"
"Nei," sa Siddhartha, "det er ikke grunnen til det"
"Kamaswami is just as smart as I am"
"Kamaswami er like smart som meg"

"but he has no refuge in himself"
"men han har ingen tilflukt i seg selv"
"Others have it, although they have the minds of children"
"Andre har det, selv om de har barns sinn"
"Most people, Kamala, are like a falling leaf"
"De fleste, Kamala, er som et fallende blad"
"a leaf which is blown and is turning around through the air"
"et blad som blåses og snur seg rundt gjennom luften"
"a leaf which wavers, and tumbles to the ground"
"et blad som vakler og faller til bakken"
"But others, a few, are like stars"
"Men andre, noen få, er som stjerner"
"they go on a fixed course"
"de går på et fast kurs"
"no wind reaches them"
"ingen vind når dem"
"in themselves they have their law and their course"
"i seg selv har de sin lov og sin kurs"
"Among all the learned men I have met, there was one of this kind"
"Blant alle de lærde mennene jeg har møtt, var det en av denne typen"
"he was a truly perfected one"
"han var en virkelig perfeksjonert"
"I'll never be able to forget him"
"Jeg vil aldri kunne glemme ham"
"It is that Gotama, the exalted one"
"Det er den Gotama, den opphøyde"
"Thousands of followers are listening to his teachings every day"
"Tusenvis av tilhengere lytter til læren hans hver dag"
"they follow his instructions every hour"
"de følger instruksjonene hans hver time"
"but they are all falling leaves"
"men de er alle fallende løv"

"not in themselves they have teachings and a law"
"ikke i seg selv har de lære og lov"
Kamala looked at him with a smile
Kamala så på ham med et smil
"Again, you're talking about him," she said
"Igjen, du snakker om ham," sa hun
"again, you're having a Samana's thoughts"
"igjen, du har en Samanas tanker"
Siddhartha said nothing, and they played the game of love
Siddhartha sa ingenting, og de spilte kjærlighetsspillet
one of the thirty or forty different games Kamala knew
et av de tretti eller førti forskjellige spillene Kamala kjente til
Her body was flexible like that of a jaguar
Kroppen hennes var fleksibel som en jaguar
flexible like the bow of a hunter
fleksibel som buen til en jeger
he who had learned from her how to make love
han som hadde lært av henne hvordan man elsker
he was knowledgeable of many forms of lust
han var kunnskapsrik om mange former for begjær
he that learned from her knew many secrets
han som lærte av henne visste mange hemmeligheter
For a long time, she played with Siddhartha
I lang tid spilte hun med Siddhartha
she enticed him and rejected him
hun lokket ham og avviste ham
she forced him and embraced him
hun tvang ham og omfavnet ham
she enjoyed his masterful skills
hun likte hans mesterlige ferdigheter
until he was defeated and rested exhausted by her side
til han ble beseiret og hvilte utmattet ved hennes side
The courtesan bent over him
Kurtisanen bøyde seg over ham
she took a long look at his face
hun så lenge på ansiktet hans

she looked at his eyes, which had grown tired
hun så på øynene hans, som var blitt slitne
"You are the best lover I have ever seen" she said thoughtfully
"Du er den beste elskeren jeg noen gang har sett" sa hun ettertenksomt
"You're stronger than others, more supple, more willing"
"Du er sterkere enn andre, mer smidig, mer villig"
"You've learned my art well, Siddhartha"
"Du har lært kunsten min godt, Siddhartha"
"At some time, when I'll be older, I'd want to bear your child"
"På et tidspunkt, når jeg blir eldre, vil jeg gjerne bære barnet ditt"
"And yet, my dear, you've remained a Samana"
"Og likevel, min kjære, du har forblitt en Samana"
"and despite this, you do not love me"
"og til tross for dette elsker du meg ikke"
"there is nobody that you love"
"det er ingen du elsker"
"Isn't it so?" asked Kamala
"Er det ikke slik?" spurte Kamala
"It might very well be so," Siddhartha said tiredly
"Det kan godt være det," sa Siddhartha trett
"I am like you, because you also do not love"
"Jeg er som deg, fordi du heller ikke elsker"
"how else could you practise love as a craft?"
"hvordan kan du ellers praktisere kjærlighet som et håndverk?"
"Perhaps, people of our kind can't love"
"Kanskje folk av vårt slag ikke kan elske"
"The childlike people can love, that's their secret"
"De barnlige menneskene kan elske, det er deres hemmelighet"

Sansara

For a long time, Siddhartha had lived in the world and lust
I lang tid hadde Siddhartha levd i verden og begjær
he lived this way though, without being a part of it
han levde på denne måten, uten å være en del av det
he had killed this off when he had been a Samana
han hadde drept dette da han hadde vært en Samana
but now they had awoken again
men nå hadde de våknet igjen
he had tasted riches, lust, and power
han hadde smakt rikdom, begjær og makt
for a long time he had remained a Samana in his heart
i lang tid hadde han forblitt en Samana i sitt hjerte
Kamala, being smart, had realized this quite right
Kamala, som var smart, hadde innsett dette ganske riktig
thinking, waiting, and fasting still guided his life
tenking, venting og faste styrte fortsatt livet hans
the childlike people remained alien to him
de barnlige menneskene forble fremmede for ham
and he remained alien to the childlike people
og han forble fremmed for de barnlige menneskene
Years passed by; surrounded by the good life
Årene gikk; omgitt av det gode liv
Siddhartha hardly felt the years fading away
Siddhartha kjente knapt at årene forsvant
He had become rich and possessed a house of his own
Han var blitt rik og eide et eget hus
he even had his own servants
han hadde til og med sine egne tjenere
he had a garden before the city, by the river
han hadde en hage foran byen, ved elven
The people liked him and came to him for money or advice
Folket likte ham og kom til ham for å få penger eller råd
but there was nobody close to him, except Kamala
men det var ingen i nærheten av ham, bortsett fra Kamala

the bright state of being awake
den lyse tilstanden av å være våken
the feeling which he had experienced at the height of his youth
følelsen han hadde opplevd på høyden av sin ungdom
in those days after Gotama's sermon
i de dager etter Gotamas preken
after the separation from Govinda
etter separasjonen fra Govinda
the tense expectation of life
den spente forventningen til livet
the proud state of standing alone
den stolte tilstanden av å stå alene
being without teachings or teachers
være uten lære eller lærere
the supple willingness to listen to the divine voice in his own heart
den smidige viljen til å lytte til den guddommelige stemmen i sitt eget hjerte
all these things had slowly become a memory
alle disse tingene hadde sakte blitt et minne
the memory had been fleeting, distant, and quiet
minnet hadde vært flyktig, fjernt og stille
the holy source, which used to be near, now only murmured
den hellige kilden, som før var nær, mumlet nå bare
the holy source, which used to murmur within himself
den hellige kilden, som pleide å knurre i seg selv
Nevertheless, many things he had learned from the Samanas
Ikke desto mindre hadde han lært mye av Samanas
he had learned from Gotama
han hadde lært av Gotama
he had learned from his father the Brahman
han hadde lært av sin far Brahmanen
his father had remained within his being for a long time
faren hans hadde vært i hans vesen i lang tid
moderate living, the joy of thinking, hours of meditation

moderat liv, gleden ved å tenke, timer med meditasjon
the secret knowledge of the self; his eternal entity
den hemmelige kunnskapen om selvet; hans evige vesen
the self which is neither body nor consciousness
selvet som verken er kropp eller bevissthet
Many a part of this he still had
Mange deler av dette hadde han fortsatt
but one part after another had been submerged
men den ene delen etter den andre var blitt nedsenket
and eventually each part gathered dust
og til slutt samlet hver del støv
a potter's wheel, once in motion, will turn for a long time
et pottemakerhjul, når det først er i bevegelse, vil rotere lenge
it loses its vigour only slowly
den mister sin kraft bare sakte
and it comes to a stop only after time
og det stopper først etter hvert
Siddhartha's soul had kept on turning the wheel of asceticism
Siddharthas sjel hadde fortsatt å vri på hjulet til askese
the wheel of thinking had kept turning for a long time
tankehjulet hadde fortsatt å snu i lang tid
the wheel of differentiation had still turned for a long time
differensieringshjulet hadde fortsatt dreid seg lenge
but it turned slowly and hesitantly
men det snudde sakte og nølende
and it was close to coming to a standstill
og det var nær ved å gå i stå
Slowly, like humidity entering the dying stem of a tree
Sakte, som fuktighet som kommer inn i den døende stammen til et tre
filling the stem slowly and making it rot
fyller stilken sakte og får den til å råtne
the world and sloth had entered Siddhartha's soul
verden og dovendyret hadde kommet inn i Siddharthas sjel
slowly it filled his soul and made it heavy

sakte fylte den sjelen hans og gjorde den tung
it made his soul tired and put it to sleep
det gjorde sjelen hans trett og fikk den til å sove
On the other hand, his senses had become alive
På den annen side var sansene hans blitt levende
there was much his senses had learned
det var mye sansene hans hadde lært
there was much his senses had experienced
det var mye sansene hans hadde opplevd
Siddhartha had learned to trade
Siddhartha hadde lært å handle
he had learned how to use his power over people
han hadde lært å bruke sin makt over mennesker
he had learned how to enjoy himself with a woman
han hadde lært å kose seg med en kvinne
he had learned how to wear beautiful clothes
han hadde lært seg å ha vakre klær
he had learned how to give orders to servants
han hadde lært å gi ordre til tjenere
he had learned how to bathe in perfumed waters
han hadde lært å bade i parfymert vann
He had learned how to eat tenderly and carefully prepared food
Han hadde lært å spise ømt og nøye tilberedt mat
he even ate fish, meat, and poultry
han spiste til og med fisk, kjøtt og fjærfe
spices and sweets and wine, which causes sloth and forgetfulness
krydder og søtsaker og vin, som forårsaker dovenskap og glemsel
He had learned to play with dice and on a chess-board
Han hadde lært å spille med terninger og på et sjakkbrett
he had learned to watch dancing girls
han hadde lært å se på dansende jenter
he learned to have himself carried about in a sedan-chair
han lærte å bære seg rundt i en sedan-stol

he learned to sleep on a soft bed
han lærte å sove på en myk seng
But still he felt different from others
Men likevel følte han seg annerledes enn andre
he still felt superior to the others
han følte seg fortsatt overlegen de andre
he always watched them with some mockery
han så alltid på dem med litt hån
there was always some mocking disdain to how he felt about them
det var alltid en hånlig forakt for hvordan han følte for dem
the same disdain a Samana feels for the people of the world
den samme forakten en Samana føler for verdens mennesker

Kamaswami was ailing and felt annoyed
Kamaswami var syk og følte seg irritert
he felt insulted by Siddhartha
han følte seg fornærmet av Siddhartha
and he was vexed by his worries as a merchant
og han var irritert over sine bekymringer som kjøpmann
Siddhartha had always watched these things with mockery
Siddhartha hadde alltid sett på disse tingene med hån
but his mockery had become more tired
men hans hån var blitt mer sliten
his superiority had become more quiet
hans overlegenhet var blitt roligere
as slowly imperceptible as the rainy season passing by
like sakte umerkelig som regntiden går forbi
slowly, Siddhartha had assumed something of the childlike people's ways
sakte hadde Siddhartha antatt noe av de barnlige folks veier
he had gained some of their childishness
han hadde fått noe av deres barnslighet
and he had gained some of their fearfulness
og han hadde fått noe av deres frykt

And yet, the more be become like them the more he envied them
Og likevel, jo mer som ble lik dem, desto mer misunnet han dem
He envied them for the one thing that was missing from him
Han misunnet dem for den ene tingen som manglet fra ham
the importance they were able to attach to their lives
betydningen de var i stand til å legge til livene sine
the amount of passion in their joys and fears
mengden lidenskap i deres gleder og frykt
the fearful but sweet happiness of being constantly in love
den fryktelige, men søte lykken ved å være konstant forelsket
These people were in love with themselves all of the time
Disse menneskene var forelsket i seg selv hele tiden
women loved their children, with honours or money
kvinner elsket barna sine, med heder eller penger
the men loved themselves with plans or hopes
mennene elsket seg selv med planer eller forhåpninger
But he did not learn this from them
Men dette lærte han ikke av dem
he did not learn the joy of children
han lærte ikke barnas glede
and he did not learn their foolishness
og han lærte ikke deres dårskap
what he mostly learned were their unpleasant things
det han for det meste lærte var de ubehagelige tingene deres
and he despised these things
og han foraktet disse ting
in the morning, after having had company
om morgenen, etter å ha hatt selskap
more and more he stayed in bed for a long time
mer og mer ble han lenge i sengen
he felt unable to think, and was tired
han følte seg ute av stand til å tenke, og var sliten
he became angry and impatient when Kamaswami bored him with his worries

han ble sint og utålmodig da Kamaswami kjedet ham med
bekymringene sine
he laughed just too loud when he lost a game of dice
han lo bare for høyt da han tapte et terningspill
His face was still smarter and more spiritual than others
Ansiktet hans var fortsatt smartere og mer åndelig enn andres
but his face rarely laughed anymore
men ansiktet hans lo sjelden lenger
slowly, his face assumed other features
sakte antok ansiktet hans andre trekk
the features often found in the faces of rich people
funksjonene som ofte finnes i ansiktene til rike mennesker
features of discontent, of sickliness, of ill-humour
trekk av misnøye, av sykelighet, av dårlig humor
features of sloth, and of a lack of love
trekk ved dovendyr og mangel på kjærlighet
the disease of the soul which rich people have
sykdommen i sjelen som rike mennesker har
Slowly, this disease grabbed hold of him
Sakte tok denne sykdommen tak i ham
like a thin mist, tiredness came over Siddhartha
som en tynn tåke kom trettheten over Siddhartha
slowly, this mist got a bit denser every day
sakte ble denne tåken litt tettere for hver dag
it got a bit murkier every month
det ble litt skumlere hver måned
and every year it got a bit heavier
og hvert år ble det litt tyngre
dresses become old with time
kjoler blir gamle med tiden
clothes lose their beautiful colour over time
klær mister sin vakre farge over tid
they get stains, wrinkles, worn off at the seams
de får flekker, rynker, slites av i sømmene
they start to show threadbare spots here and there
de begynner å vise slitne flekker her og der

this is how Siddhartha's new life was
slik var Siddharthas nye liv
the life which he had started after his separation from Govinda
livet som han hadde startet etter at han ble separert fra Govinda
his life had grown old and lost colour
livet hans hadde blitt gammelt og mistet fargen
there was less splendour to it as the years passed by
det ble mindre prakt ettersom årene gikk
his life was gathering wrinkles and stains
livet hans samlet på rynker og flekker
and hidden at bottom, disappointment and disgust were waiting
og skjult i bunnen ventet skuffelse og avsky
they were showing their ugliness
de viste sin stygghet
Siddhartha did not notice these things
Siddhartha la ikke merke til disse tingene
he remembered the bright and reliable voice inside of him
han husket den lyse og pålitelige stemmen inni seg
he noticed the voice had become silent
han la merke til at stemmen var blitt stille
the voice which had awoken in him at that time
stemmen som hadde våknet i ham på den tiden
the voice that had guided him in his best times
stemmen som hadde ledet ham i hans beste tid
he had been captured by the world
han var blitt tatt til fange av verden
he had been captured by lust, covetousness, sloth
han var blitt fanget av begjær, begjærlighet, dovenskap
and finally he had been captured by his most despised vice
og til slutt var han blitt fanget av sin mest foraktede last
the vice which he mocked the most
lasten han hånet mest
the most foolish one of all vices

den mest tåpelige av alle laster
he had let greed into his heart
han hadde sluppet grådighet inn i sitt hjerte
Property, possessions, and riches also had finally captured him
Eiendom, eiendeler og rikdommer hadde også endelig tatt ham til fange
having things was no longer a game to him
å ha ting var ikke lenger en lek for ham
his possessions had become a shackle and a burden
hans eiendeler var blitt en lenke og en byrde
It had happened in a strange and devious way
Det hadde skjedd på en merkelig og utspekulert måte
Siddhartha had gotten this vice from the game of dice
Siddhartha hadde fått denne skrustikken fra terningspillet
he had stopped being a Samana in his heart
han hadde sluttet å være en Samana i sitt hjerte
and then he began to play the game for money
og så begynte han å spille spillet for penger
first he joined the game with a smile
først ble han med i spillet med et smil
at this time he only played casually
på denne tiden spilte han bare tilfeldig
he wanted to join the customs of the childlike people
han ville slutte seg til det barnlige folks skikker
but now he played with an increasing rage and passion
men nå spilte han med et økende raseri og lidenskap
He was a feared gambler among the other merchants
Han var en fryktet gambler blant de andre kjøpmennene
his stakes were so audacious that few dared to take him on
innsatsen hans var så dristig at få våget å ta ham
He played the game due to a pain of his heart
Han spilte spillet på grunn av en smerte i hjertet hans
losing and wasting his wretched money brought him an angry joy
tape og kaste bort sine elendige penger ga ham en sint glede

he could demonstrate his disdain for wealth in no other way
han kunne ikke vise sin forakt for rikdom på noen annen måte
he could not mock the merchants' false god in a better way
han kunne ikke håne handelsmennenes falske gud på en bedre måte
so he gambled with high stakes
så han gamblet med høye innsatser
he mercilessly hated himself and mocked himself
han hatet seg selv nådeløst og hånet seg selv
he won thousands, threw away thousands
han vant tusenvis, kastet tusenvis
he lost money, jewellery, a house in the country
han tapte penger, smykker, et hus på landet
he won it again, and then he lost again
han vant den igjen, og så tapte han igjen
he loved the fear he felt while he was rolling the dice
han elsket frykten han følte mens han kastet terningen
he loved feeling worried about losing what he gambled
han elsket å være bekymret for å miste det han gamblet
he always wanted to get this fear to a slightly higher level
han ønsket alltid å få denne frykten til et litt høyere nivå
he only felt something like happiness when he felt this fear
han følte bare noe som lykke når han kjente denne frykten
it was something like an intoxication
det var noe sånt som en rus
something like an elevated form of life
noe som en forhøyet livsform
something brighter in the midst of his dull life
noe lysere midt i hans kjedelige liv
And after each big loss, his mind was set on new riches
Og etter hvert store tap var tankene hans innstilt på nye rikdommer
he pursued the trade more zealously
han drev handelen mer iver
he forced his debtors more strictly to pay
han tvang sine skyldnere strengere til å betale

because he wanted to continue gambling
fordi han ønsket å fortsette å spille
he wanted to continue squandering
han ville fortsette å sløse bort
he wanted to continue demonstrating his disdain of wealth
han ønsket å fortsette å vise sin forakt for rikdom
Siddhartha lost his calmness when losses occurred
Siddhartha mistet roen da tap skjedde
he lost his patience when he was not paid on time
han mistet tålmodigheten da han ikke fikk betalt i tide
he lost his kindness towards beggars
han mistet sin vennlighet mot tiggere
He gambled away tens of thousands at one roll of the dice
Han gamblet bort titusenvis ved ett terningkast
he became more strict and more petty in his business
han ble strengere og mer smålig i sin virksomhet
occasionally, he was dreaming at night about money!
noen ganger drømte han om natten om penger!
whenever he woke up from this ugly spell, he continued fleeing
hver gang han våknet av denne stygge trolldommen, fortsatte han å flykte
whenever he found his face in the mirror to have aged, he found a new game
hver gang han fant ansiktet sitt i speilet for å ha blitt eldre, fant han et nytt spill
whenever embarrassment and disgust came over him, he numbed his mind
hver gang forlegenhet og avsky kom over ham, bedøvet han sinnet
he numbed his mind with sex and wine
han bedøvet sinnet med sex og vin
and from there he fled back into the urge to pile up and obtain possessions
og derfra flyktet han tilbake i trangen til å hope seg opp og skaffe eiendeler

In this pointless cycle he ran
I denne meningsløse syklusen løp han
from his life he grow tired, old, and ill
fra livet blir han sliten, gammel og syk

Then the time came when a dream warned him
Så kom tiden da en drøm advarte ham
He had spent the hours of the evening with Kamala
Han hadde tilbrakt kveldstimene med Kamala
he had been in her beautiful pleasure-garden
han hadde vært i hennes vakre lysthage
They had been sitting under the trees, talking
De hadde sittet under trærne og snakket
and Kamala had said thoughtful words
og Kamala hadde sagt gjennomtenkte ord
words behind which a sadness and tiredness lay hidden
ord som en sorg og tretthet lå skjult bak
She had asked him to tell her about Gotama
Hun hadde bedt ham fortelle henne om Gotama
she could not hear enough of him
hun kunne ikke høre nok av ham
she loved how clear his eyes were
hun elsket hvor klare øynene hans var
she loved how still and beautiful his mouth was
hun elsket hvor stille og vakker munnen hans var
she loved the kindness of his smile
hun elsket vennligheten til smilet hans
she loved how peaceful his walk had been
hun elsket hvor fredelig turen hans hadde vært
For a long time, he had to tell her about the exalted Buddha
I lang tid måtte han fortelle henne om den opphøyde Buddha
and Kamala had sighed, and spoke
og Kamala hadde sukket og snakket
"One day, perhaps soon, I'll also follow that Buddha"
"En dag, kanskje snart, vil jeg også følge den Buddha"
"I'll give him my pleasure-garden for a gift"

"Jeg skal gi ham lysthagen min i gave"
"and I will take my refuge in his teachings"
"og jeg vil ta min tilflukt til hans lære"
But after this, she had aroused him
Men etter dette hadde hun vekket ham
she had tied him to her in the act of making love
hun hadde bundet ham til seg i det å elske
with painful fervour, biting and in tears
med smertefull iver, biting og i tårer
it was as if she wanted to squeeze the last sweet drop out of this wine
det var som om hun ville presse den siste søte dråpen ut av denne vinen
Never before had it become so strangely clear to Siddhartha
Aldri før hadde det blitt så merkelig klart for Siddhartha
he felt how close lust was akin to death
han kjente hvor nært begjær var beslektet med døden
he laid by her side, and Kamala's face was close to him
han la seg ved siden av henne, og Kamalas ansikt var nær ham
under her eyes and next to the corners of her mouth
under øynene og ved siden av munnvikene
it was as clear as never before
det var så tydelig som aldri før
there read a fearful inscription
der sto en fryktelig inskripsjon
an inscription of small lines and slight grooves
en inskripsjon av små linjer og små riller
an inscription reminiscent of autumn and old age
en inskripsjon som minner om høst og alderdom
here and there, gray hairs among his black ones
her og der, grå hår blant de svarte
Siddhartha himself, who was only in his forties, noticed the same thing
Siddhartha selv, som bare var i førtiårene, la merke til det samme
Tiredness was written on Kamala's beautiful face

Tretthet var skrevet på Kamalas vakre ansikt
tiredness from walking a long path
tretthet av å gå en lang vei
a path which has no happy destination
en sti som ikke har noe lykkelig reisemål
tiredness and the beginning of withering
tretthet og begynnelsen på å visne
fear of old age, autumn, and having to die
frykt for alderdom, høst og å måtte dø
With a sigh, he had bid his farewell to her
Med et sukk hadde han tatt farvel med henne
the soul full of reluctance, and full of concealed anxiety
sjelen full av motvilje, og full av skjult angst

Siddhartha had spent the night in his house with dancing girls
Siddhartha hadde tilbrakt natten i huset sitt med dansende jenter
he acted as if he was superior to them
han handlet som om han var dem overlegen
he acted superior towards the fellow-members of his caste
han opptrådte overlegen overfor sine medmedlemmer i hans kaste
but this was no longer true
men dette var ikke lenger sant
he had drunk much wine that night
han hadde drukket mye vin den kvelden
and he went to bed a long time after midnight
og han la seg lenge etter midnatt
tired and yet excited, close to weeping and despair
sliten og likevel spent, nær gråt og fortvilelse
for a long time he sought to sleep, but it was in vain
lenge søkte han å sove, men det var forgjeves
his heart was full of misery
hans hjerte var fullt av elendighet
he thought he could not bear any longer

han trodde han ikke orket mer
he was full of a disgust, which he felt penetrating his entire body
han var full av en avsky, som han kjente trenge gjennom hele kroppen hans
like the lukewarm repulsive taste of the wine
som den lunkne frastøtende smaken på vinen
the dull music was a little too happy
den kjedelige musikken var litt for glad
the smile of the dancing girls was a little too soft
smilet til dansejentene var litt for mykt
the scent of their hair and breasts was a little too sweet
duften av håret og brystene deres var litt for søt
But more than by anything else, he was disgusted by himself
Men mer enn noe annet var han avsky av seg selv
he was disgusted by his perfumed hair
han var kvalm av det parfymerte håret hans
he was disgusted by the smell of wine from his mouth
han var kvalm av lukten av vin fra munnen
he was disgusted by the listlessness of his skin
han var avsky av sløvheten i huden hans
Like when someone who has eaten and drunk far too much
Som når en som har spist og drukket alt for mye
they vomit it back up again with agonising pain
de kaster det opp igjen med smertefulle smerter
but they feel relieved by the vomiting
men de føler seg lettet av oppkastene
this sleepless man wished to free himself of these pleasures
denne søvnløse mannen ønsket å frigjøre seg fra disse gledene
he wanted to be rid of these habits
han ønsket å bli kvitt disse vanene
he wanted to escape all of this pointless life
han ønsket å unnslippe alt dette meningsløse livet
and he wanted to escape from himself
og han ville flykte fra seg selv

it wasn't until the light of the morning when he had slightly fallen sleep
det var ikke før lyset av morgenen da han hadde sovnet litt
the first activities in the street were already beginning
de første aktivitetene i gata var allerede i gang
for a few moments he had found a hint of sleep
i noen øyeblikk hadde han funnet et snev av søvn
In those moments, he had a dream
I de øyeblikkene hadde han en drøm
Kamala owned a small, rare singing bird in a golden cage
Kamala eide en liten, sjelden syngende fugl i et gyllent bur
it always sung to him in the morning
det sang alltid for ham om morgenen
but then he dreamt this bird had become mute
men så drømte han at denne fuglen var blitt stum
since this arose his attention, he stepped in front of the cage
siden dette vakte hans oppmerksomhet, gikk han foran buret
he looked at the bird inside the cage
han så på fuglen inne i buret
the small bird was dead, and lay stiff on the ground
den lille fuglen var død, og lå stiv på bakken
He took the dead bird out of its cage
Han tok den døde fuglen ut av buret
he took a moment to weigh the dead bird in his hand
han brukte et øyeblikk på å veie den døde fuglen i hånden
and then threw it away, out in the street
og så kastet den bort, ut på gaten
in the same moment he felt terribly shocked
i samme øyeblikk følte han seg forferdelig sjokkert
his heart hurt as if he had thrown away all value
hans hjerte gjorde vondt som om han hadde kastet bort all verdi
everything good had been inside of this dead bird
alt godt hadde vært inne i denne døde fuglen
Starting up from this dream, he felt encompassed by a deep sadness

Med utgangspunkt i denne drømmen følte han seg omsluttet
av en dyp tristhet
everything seemed worthless to him
alt virket verdiløst for ham
**worthless and pointless was the way he had been going
through life**
verdiløs og meningsløs var måten han hadde gått gjennom
livet på
nothing which was alive was left in his hands
ingenting som var i live var igjen i hendene hans
nothing which was in some way delicious could be kept
ingenting som på noen måte var deilig kunne beholdes
nothing worth keeping would stay
ingenting verdt å beholde ville bli
alone he stood there, empty like a castaway on the shore
alene stod han der, tom som en skibbrudden i fjæra

**With a gloomy mind, Siddhartha went to his pleasure-
garden**
Med et dystert sinn dro Siddhartha til fornøyelseshagen sin
he locked the gate and sat down under a mango-tree
han låste porten og satte seg under et mangotre
he felt death in his heart and horror in his chest
han kjente døden i hjertet og redselen i brystet
he sensed how everything died and withered in him
han kjente hvordan alt døde og visnet i ham
By and by, he gathered his thoughts in his mind
Etter hvert samlet han tankene i hodet
once again, he went through the entire path of his life
nok en gang gikk han gjennom hele livets vei
he started with the first days he could remember
han begynte med de første dagene han kunne huske
When was there ever a time when he had felt a true bliss?
Når var det noen gang en gang han hadde følt en sann lykke?
Oh yes, several times he had experienced such a thing
Å ja, flere ganger hadde han opplevd noe slikt

In his years as a boy he had had a taste of bliss
I årene som gutt hadde han fått en smak av lykke
he had felt happiness in his heart when he obtained praise from the Brahmans
han hadde følt lykke i sitt hjerte da han fikk ros fra brahmanene
"There is a path in front of the one who has distinguished himself"
"Det er en vei foran den som har utmerket seg"
he had felt bliss reciting the holy verses
han hadde følt lykksalighet da han resiserte de hellige versene
he had felt bliss disputing with the learned ones
han hadde følt lykksalighet ved å diskutere med de lærde
he had felt bliss when he was an assistant in the offerings
han hadde følt lykksalighet da han var assistent i tilbudene
Then, he had felt it in his heart
Da hadde han kjent det i hjertet
"There is a path in front of you"
"Det er en sti foran deg"
"you are destined for this path"
"du er bestemt for denne veien"
"the gods are awaiting you"
"gudene venter på deg"
And again, as a young man, he had felt bliss
Og igjen, som ung mann, hadde han følt lykksalighet
when his thoughts separated him from those thinking on the same things
når tankene hans skilte ham fra de som tenkte på de samme tingene
when he wrestled in pain for the purpose of Brahman
da han kjempet i smerte for Brahmans formål
when every obtained knowledge only kindled new thirst in him
da hver oppnådd kunnskap bare tente ny tørst i ham
in the midst of the pain he felt this very same thing
midt i smerten kjente han akkurat det samme

"Go on! You are called upon!"
"Fortsett! Du blir kalt på!"
He had heard this voice when he had left his home
Han hadde hørt denne stemmen da han hadde forlatt hjemmet sitt
he heard heard this voice when he had chosen the life of a Samana
han hørte denne stemmen da han hadde valgt livet til en Samana
and again he heard this voice when left the Samanas
og igjen hørte han denne stemmen da han forlot Samanas
he had heard the voice when he went to see the perfected one
han hadde hørt stemmen da han gikk for å se den fullkomne
and when he had gone away from the perfected one, he had heard the voice
og da han hadde gått bort fra den fullkomne, hadde han hørt stemmen
he had heard the voice when he went into the uncertain
han hadde hørt stemmen da han gikk inn i det uvisse
For how long had he not heard this voice anymore?
Hvor lenge hadde han ikke hørt denne stemmen lenger?
for how long had he reached no height anymore?
hvor lenge hadde han ikke nådd noen høyde lenger?
how even and dull was the manner in which he went through life?
hvor jevn og kjedelig var måten han gikk gjennom livet på?
for many long years without a high goal
i mange lange år uten et høyt mål
he had been without thirst or elevation
han hadde vært uten tørst eller opphøyelse
he had been content with small lustful pleasures
han hadde nøyd seg med små begjærlige nytelser
and yet he was never satisfied!
og likevel ble han aldri fornøyd!

For all of these years he had tried hard to become like the others
I alle disse årene hadde han prøvd hardt å bli som de andre
he longed to be one of the childlike people
han lengtet etter å være en av de barnlige menneskene
but he didn't know that that was what he really wanted
men han visste ikke at det var det han egentlig ville
his life had been much more miserable and poorer than theirs
hans liv hadde vært mye mer elendig og fattigere enn deres
because their goals and worries were not his
fordi deres mål og bekymringer ikke var hans
the entire world of the Kamaswami-people had only been a game to him
hele verden til Kamaswami-folket hadde bare vært et spill for ham
their lives were a dance he would watch
livene deres var en dans han ville se på
they performed a comedy he could amuse himself with
de fremførte en komedie han kunne more seg med
Only Kamala had been dear and valuable to him
Bare Kamala hadde vært kjær og verdifull for ham
but was she still valuable to him?
men var hun fortsatt verdifull for ham?
Did he still need her?
Trengte han henne fortsatt?
Or did she still need him?
Eller trengte hun ham fortsatt?
Did they not play a game without an ending?
Spilte de ikke et spill uten slutt?
Was it necessary to live for this?
Var det nødvendig å leve for dette?
No, it was not necessary!
Nei, det var ikke nødvendig!
The name of this game was Sansara
Navnet på dette spillet var Sansara

a game for children which was perhaps enjoyable to play once
et spill for barn som kanskje var hyggelig å spille en gang
maybe it could be played twice
kanskje det kan spilles to ganger
perhaps you could play it ten times
kanskje du kan spille den ti ganger
but should you play it for ever and ever?
men bør du spille det for alltid?
Then, Siddhartha knew that the game was over
Da visste Siddhartha at spillet var over
he knew that he could not play it any more
han visste at han ikke kunne spille det lenger
Shivers ran over his body and inside of him
Rystelser løp over kroppen og innsiden av ham
he felt that something had died
han følte at noe hadde dødd

That entire day, he sat under the mango-tree
Hele dagen satt han under mangotreet
he was thinking of his father
han tenkte på faren sin
he was thinking of Govinda
han tenkte på Govinda
and he was thinking of Gotama
og han tenkte på Gotama
Did he have to leave them to become a Kamaswami?
Måtte han forlate dem for å bli en Kamaswami?
He was still sitting there when the night had fallen
Han satt fortsatt der da natten hadde falt på
he caught sight of the stars, and thought to himself
han fikk øye på stjernene og tenkte for seg selv
"Here I'm sitting under my mango-tree in my pleasure-garden"
"Her sitter jeg under mangotreet mitt i fornøyelseshagen min"
He smiled a little to himself

Han smilte litt for seg selv
was it really necessary to own a garden?
var det virkelig nødvendig å eie en hage?
was it not a foolish game?
var det ikke et dumt spill?
did he need to own a mango-tree?
trengte han å eie et mango-tre?
He also put an end to this
Dette satte han også en stopper for
this also died in him
dette døde også i ham
He rose and bid his farewell to the mango-tree
Han reiste seg og tok farvel med mangotreet
he bid his farewell to the pleasure-garden
han tok farvel med lystgården
Since he had been without food this day, he felt strong hunger
Siden han hadde vært uten mat denne dagen, kjente han sterk sult
and he thought of his house in the city
og han tenkte på huset sitt i byen
he thought of his chamber and bed
han tenkte på kammeret og sengen
he thought of the table with the meals on it
han tenkte på bordet med måltidene på
He smiled tiredly, shook himself, and bid his farewell to these things
Han smilte trett, ristet på seg selv og tok farvel med disse tingene
In the same hour of the night, Siddhartha left his garden
I samme time på natten forlot Siddhartha hagen sin
he left the city and never came back
han forlot byen og kom aldri tilbake

For a long time, Kamaswami had people look for him
I lang tid lot Kamaswami folk se etter ham

they thought he had fallen into the hands of robbers
de trodde han hadde falt i hendene på røvere
Kamala had no one look for him
Kamala hadde ingen som så etter ham
she was not astonished by his disappearance
hun var ikke overrasket over forsvinningen hans
Did she not always expect it?
Hadde hun ikke alltid forventet det?
Was he not a Samana?
Var han ikke en Samana?
a man who was at home nowhere, a pilgrim
en mann som var hjemme ingensteds, en pilegrim
she had felt this the last time they had been together
det hadde hun kjent på sist gang de hadde vært sammen
she was happy despite all the pain of the loss
hun var lykkelig til tross for all smerten ved tapet
she was happy she had been with him one last time
hun var glad hun hadde vært sammen med ham en siste gang
she was happy she had pulled him so affectionately to her heart
hun var glad hun hadde trukket ham så kjærlig til sitt hjerte
she was happy she had felt completely possessed and penetrated by him
hun var glad hun hadde følt seg fullstendig besatt og penetrert av ham
When she received the news, she went to the window
Da hun fikk nyheten, gikk hun bort til vinduet
at the window she held a rare singing bird
ved vinduet holdt hun en sjelden syngende fugl
the bird was held captive in a golden cage
fuglen ble holdt fanget i et gullbur
She opened the door of the cage
Hun åpnet døren til buret
she took the bird out and let it fly
hun tok fuglen ut og lot den fly
For a long time, she gazed after it

I lang tid stirret hun etter den
From this day on, she received no more visitors
Fra denne dagen fikk hun ikke flere besøk
and she kept her house locked
og hun holdt huset sitt låst
But after some time, she became aware that she was pregnant
Men etter en tid ble hun klar over at hun var gravid
she was pregnant from the last time she was with Siddhartha
hun var gravid fra forrige gang hun var sammen med Siddhartha

By the River
Ved elven

Siddhartha walked through the forest
Siddhartha gikk gjennom skogen
he was already far from the city
han var allerede langt fra byen
and he knew nothing but one thing
og han visste ikke annet enn én ting
there was no going back for him
det var ingen vei tilbake for ham
the life that he had lived for many years was over
livet han hadde levd i mange år var over
he had tasted all of this life
han hadde smakt hele dette livet
he had sucked everything out of this life
han hadde sugd alt ut av dette livet
until he was disgusted with it
helt til han ble kvalm av det
the singing bird he had dreamt of was dead
den syngende fuglen han hadde drømt om var død
and the bird in his heart was dead too
og fuglen i hjertet hans var også død
he had been deeply entangled in Sansara
han hadde vært dypt viklet inn i Sansara
he had sucked up disgust and death into his body
han hadde sugd avsky og død inn i kroppen sin
like a sponge sucks up water until it is full
som en svamp suger opp vann til den er full
he was full of misery and death
han var full av elendighet og død
there was nothing left in this world which could have attracted him
det var ingenting igjen i denne verden som kunne ha tiltrukket ham
nothing could have given him joy or comfort

ingenting kunne ha gitt ham glede eller trøst
he passionately wished to know nothing about himself anymore
han ønsket lidenskapelig å ikke vite noe om seg selv lenger
he wanted to have rest and be dead
han ville hvile og være død
he wished there was a lightning-bolt to strike him dead!
han skulle ønske det var et lyn som slo ham død!
If there only was a tiger to devour him!
Hvis det bare var en tiger som kunne sluke ham!
If there only was a poisonous wine which would numb his senses
Hvis det bare var en giftig vin som ville bedøve sansene hans
a wine which brought him forgetfulness and sleep
en vin som førte ham til glemsel og søvn
a wine from which he wouldn't awake from
en vin han ikke ville våkne av
Was there still any kind of filth he had not soiled himself with?
Var det fortsatt noen form for skitt han ikke hadde tilgriset seg med?
was there a sin or foolish act he had not committed?
var det en synd eller tåpelig handling han ikke hadde begått?
was there a dreariness of the soul he didn't know?
var det en kjedelig sjel han ikke kjente?
was there anything he had not brought upon himself?
var det noe han ikke hadde tatt på seg?
Was it still at all possible to be alive?
Var det i det hele tatt mulig å være i live?
Was it possible to breathe in again and again?
Var det mulig å puste inn igjen og igjen?
Could he still breathe out?
Kunne han fortsatt puste ut?
was he able to bear hunger?
var han i stand til å tåle sult?
was there any way to eat again?

var det noen måte å spise igjen på?
was it possible to sleep again?
var det mulig å sove igjen?
could he sleep with a woman again?
kunne han ligge med en kvinne igjen?
had this cycle not exhausted itself?
hadde ikke denne syklusen gått ut av seg selv?
were things not brought to their conclusion?
ble ikke ting brakt til sin konklusjon?

Siddhartha reached the large river in the forest
Siddhartha nådde den store elven i skogen
it was the same river he crossed when he had still been a young man
det var den samme elven han krysset da han ennå hadde vært en ung mann
it was the same river he crossed from the town of Gotama
det var den samme elven han krysset fra byen Gotama
he remembered a ferryman who had taken him over the river
han husket en fergemann som hadde tatt ham over elva
By this river he stopped, and hesitantly he stood at the bank
Ved denne elva stanset han, og nølende sto han ved bredden
Tiredness and hunger had weakened him
Tretthet og sult hadde svekket ham
"what should I walk on for?"
"hva skal jeg gå på for?"
"to what goal was there left to go?"
"til hvilket mål var det igjen å gå?"
No, there were no more goals
Nei, det ble ikke flere mål
there was nothing left but a painful yearning to shake off this dream
det var ingenting igjen enn en smertefull lengsel etter å riste av seg denne drømmen
he yearned to spit out this stale wine

han lengtet etter å spytte ut denne bedervede vinen
he wanted to put an end to this miserable and shameful life
han ville gjøre slutt på dette elendige og skammelige livet
a coconut-tree bent over the bank of the river
et kokosnøtttre bøyd over elvebredden
Siddhartha leaned against its trunk with his shoulder
Siddhartha lente seg mot bagasjerommet med skulderen
he embraced the trunk with one arm
han omfavnet stammen med en arm
and he looked down into the green water
og han så ned i det grønne vannet
the water ran under him
vannet rant under ham
he looked down and found himself to be entirely filled with the wish to let go
han så ned og fant at han var helt fylt med ønsket om å gi slipp
he wanted to drown in these waters
han ville drukne i disse farvannene
the water reflected a frightening emptiness back at him
vannet reflekterte en skremmende tomhet tilbake mot ham
the water answered to the terrible emptiness in his soul
vannet svarte på den forferdelige tomheten i sjelen hans
Yes, he had reached the end
Ja, han hadde nådd slutten
There was nothing left for him, except to annihilate himself
Det var ingenting igjen for ham, bortsett fra å utslette seg selv
he wanted to smash the failure into which he had shaped his life
han ønsket å knuse fiaskoen som han hadde formet livet hans til
he wanted to throw his life before the feet of mockingly laughing gods
han ville kaste livet sitt foran føttene til hånende lerende guder
This was the great vomiting he had longed for; death

Dette var det store oppkastet han hadde lengtet etter; død
the smashing to bits of the form he hated
det knusende til biter av formen han hatet
Let him be food for fishes and crocodiles
La ham være mat for fisker og krokodiller
Siddhartha the dog, a lunatic
Hunden Siddhartha, en galning
a depraved and rotten body; a weakened and abused soul!
en fordervet og råtten kropp; en svekket og misbrukt sjel!
let him be chopped to bits by the daemons
la ham bli kuttet i biter av demonene
With a distorted face, he stared into the water
Med et forvrengt ansikt stirret han ut i vannet
he saw the reflection of his face and spat at it
han så speilbildet av ansiktet hans og spyttet på det
In deep tiredness, he took his arm away from the trunk of the tree
I dyp tretthet tok han armen bort fra stammen på treet
he turned a bit, in order to let himself fall straight down
han snudde seg litt, for å la seg falle rett ned
in order to finally drown in the river
for til slutt å drukne i elven
With his eyes closed, he slipped towards death
Med lukkede øyne gled han mot døden
Then, out of remote areas of his soul, a sound stirred up
Så, fra avsidesliggende områder av sjelen hans, rørte det seg en lyd
a sound stirred up out of past times of his now weary life
en lyd hisset opp fra tidligere tider i hans nå slitne liv
It was a singular word, a single syllable
Det var et entallsord, en enkeltstavelse
without thinking he spoke the voice to himself
uten å tenke han talte stemmen til seg selv
he slurred the beginning and the end of all prayers of the Brahmans
han sløret begynnelsen og slutten på alle brahmanenes bønner

he spoke the holy Om
han talte det hellige Om
"that what is perfect" or "the completion"
"det som er perfekt" eller "fullføringen"
And in the moment he realized the foolishness of his actions
Og i øyeblikket innså han det tåpelige i handlingene hans
the sound of Om touched Siddhartha's ear
lyden av Om berørte Siddharthas øre
his dormant spirit suddenly woke up
hans sovende ånd våknet plutselig
Siddhartha was deeply shocked
Siddhartha ble dypt sjokkert
he saw this was how things were with him
han så at det var slik det var med ham
he was so doomed that he had been able to seek death
han var så dømt at han hadde kunnet søke døden
he had lost his way so much that he wished the end
han hadde gått seg vill så mye at han ønsket slutten
the wish of a child had been able to grow in him
ønsket om et barn hadde kunnet vokse i ham
he had wished to find rest by annihilating his body!
han hadde ønsket å finne hvile ved å utslette kroppen hans!
all the agony of recent times
all den siste tidens kvaler
all sobering realizations that his life had created
alle nøkterne erkjennelser som livet hans hadde skapt
all the desperation that he had felt
all desperasjonen han hadde følt
these things did not bring about this moment
disse tingene førte ikke til dette øyeblikket
when the Om entered his consciousness he became aware of himself
da Om kom inn i bevisstheten hans, ble han klar over seg selv
he realized his misery and his error
han innså sin elendighet og sin feil
Om! he spoke to himself

Om! han snakket til seg selv
Om! and again he knew about Brahman
Om! og igjen visste han om Brahman
Om! he knew about the indestructibility of life
Om! han visste om livets uforgjengelighet
Om! he knew about all that is divine, which he had forgotten
Om! han visste om alt som er guddommelig, som han hadde glemt
But this was only a moment that flashed before him
Men dette var bare et øyeblikk som blinket foran ham
By the foot of the coconut-tree, Siddhartha collapsed
Ved foten av kokosnøttreet kollapset Siddhartha
he was struck down by tiredness
han ble slått ned av tretthet
mumbling "Om", he placed his head on the root of the tree
mumlet "Om", plasserte han hodet på roten av treet
and he fell into a deep sleep
og han falt i en dyp søvn
Deep was his sleep, and without dreams
Dyp var søvnen hans, og uten drømmer
for a long time he had not known such a sleep any more
i lang tid hadde han ikke kjent en slik søvn lenger

When he woke up after many hours, he felt as if ten years had passed
Da han våknet etter mange timer, føltes det som om ti år hadde gått
he heard the water quietly flowing
han hørte vannet stille strømme
he did not know where he was
han visste ikke hvor han var
and he did not know who had brought him here
og han visste ikke hvem som hadde ført ham hit
he opened his eyes and looked with astonishment
han åpnet øynene og så med forbauselse

there were trees and the sky above him
det var trær og himmelen over ham
he remembered where he was and how he got here
han husket hvor han var og hvordan han kom hit
But it took him a long while for this
Men det tok lang tid før dette
the past seemed to him as if it had been covered by a veil
fortiden virket for ham som om den var dekket av et slør
infinitely distant, infinitely far away, infinitely meaningless
uendelig fjernt, uendelig langt unna, uendelig meningsløst
He only knew that his previous life had been abandoned
Han visste bare at hans tidligere liv var blitt forlatt
this past life seemed to him like a very old, previous incarnation
dette tidligere livet virket for ham som en veldig gammel, tidligere inkarnasjon
this past life felt like a pre-birth of his present self
dette tidligere livet føltes som en pre-fødsel av hans nåværende selv
full of disgust and wretchedness, he had intended to throw his life away
full av avsky og elendighet hadde han tenkt å kaste livet sitt
he had come to his senses by a river, under a coconut-tree
han hadde kommet til fornuft ved en elv, under et kokosnøtttre
the holy word "Om" was on his lips
det hellige ordet "Om" var på leppene hans
he had fallen asleep and had now woken up
han hadde sovnet og hadde nå våknet
he was looking at the world as a new man
han så på verden som en ny mann
Quietly, he spoke the word "Om" to himself
Stille talte han ordet "Om" til seg selv
the "Om" he was speaking when he had fallen asleep
"Om" han snakket da han hadde sovnet

his sleep felt like nothing more than a long meditative recitation of "Om"
søvnen hans føltes som noe mer enn en lang meditativ resitasjon av "Om"
all his sleep had been a thinking of "Om"
all søvnen hans hadde vært å tenke på "Om"
a submergence and complete entering into "Om"
en nedsenkning og fullstendig inngåelse av "Om"
a going into the perfected and completed
en gå inn i det fullendte og fullførte
What a wonderful sleep this had been!
For en fantastisk søvn dette hadde vært!
he had never before been so refreshed by sleep
han hadde aldri før blitt så frisk av søvnen
Perhaps, he really had died
Kanskje han virkelig hadde dødd
maybe he had drowned and was reborn in a new body?
kanskje han hadde druknet og ble gjenfødt i en ny kropp?
But no, he knew himself and who he was
Men nei, han visste seg selv og hvem han var
he knew his hands and his feet
han kjente hendene og føttene
he knew the place where he lay
han kjente stedet hvor han lå
he knew this self in his chest
han kjente dette selvet i sitt bryst
Siddhartha the eccentric, the weird one
Siddhartha den eksentriske, den rare
but this Siddhartha was nevertheless transformed
men denne Siddhartha ble likevel forvandlet
he was strangely well rested and awake
han var merkelig godt uthvilt og våken
and he was joyful and curious
og han var glad og nysgjerrig

Siddhartha straightened up and looked around

Siddhartha rettet seg opp og så seg rundt
then he saw a person sitting opposite to him
da så han en person som satt midt imot ham
a monk in a yellow robe with a shaven head
en munk i gul kappe med barbert hode
he was sitting in the position of pondering
han satt i posisjon til å gruble
He observed the man, who had neither hair on his head nor a beard
Han observerte mannen, som verken hadde hår på hodet eller skjegg
he had not observed him for long when he recognised this monk
han hadde ikke observert ham lenge da han kjente igjen denne munken
it was Govinda, the friend of his youth
det var Govinda, ungdomsvennen hans
Govinda, who had taken his refuge with the exalted Buddha
Govinda, som hadde tatt sin tilflukt hos den opphøyde Buddha
Like Siddhartha, Govinda had also aged
I likhet med Siddhartha hadde også Govinda blitt eldre
but his face still bore the same features
men ansiktet hans bar fortsatt de samme trekkene
his face still expressed zeal and faithfulness
ansiktet hans uttrykte fortsatt iver og trofasthet
you could see he was still searching, but timidly
du kunne se at han fortsatt søkte, men fryktsomt
Govinda sensed his gaze, opened his eyes, and looked at him
Govinda kjente blikket hans, åpnet øynene og så på ham
Siddhartha saw that Govinda did not recognise him
Siddhartha så at Govinda ikke kjente ham igjen
Govinda was happy to find him awake
Govinda var glad for å finne ham våken
apparently, he had been sitting here for a long time

tydeligvis hadde han sittet her lenge
he had been waiting for him to wake up
han hadde ventet på at han skulle våkne
he waited, although he did not know him
han ventet, selv om han ikke kjente ham
"I have been sleeping" said Siddhartha
"Jeg har sovet" sa Siddhartha
"How did you get here?"
"Hvordan kom du hit?"
"You have been sleeping" answered Govinda
"Du har sovet" svarte Govinda
"It is not good to be sleeping in such places"
"Det er ikke godt å sove på slike steder"
"snakes and the animals of the forest have their paths here"
"slanger og skogens dyr har sine stier her"
"I, oh sir, am a follower of the exalted Gotama"
"Jeg, herre, er en tilhenger av den opphøyde Gotama"
"I was on a pilgrimage on this path"
"Jeg var på pilegrimsreise på denne stien"
"I saw you lying and sleeping in a place where it is dangerous to sleep"
"Jeg så deg ligge og sove på et sted hvor det er farlig å sove"
"Therefore, I sought to wake you up"
"Derfor prøvde jeg å vekke deg"
"but I saw that your sleep was very deep"
"men jeg så at søvnen din var veldig dyp"
"so I stayed behind from my group"
"så jeg ble igjen fra gruppen min"
"and I sat with you until you woke up"
"og jeg satt med deg til du våknet"
"And then, so it seems, I have fallen asleep myself"
"Og så ser det ut til at jeg har sovnet selv"
"I, who wanted to guard your sleep, fell asleep"
"Jeg, som ville vokte søvnen din, sovnet"
"Badly, I have served you"
"Dårlig, jeg har tjent deg"

"tiredness had overwhelmed me"
"trøtthet hadde overveldet meg"
"But since you're awake, let me go to catch up with my brothers"
"Men siden du er våken, la meg gå for å ta igjen brødrene mine"
"I thank you, Samana, for watching out over my sleep" spoke Siddhartha
"Jeg takker deg, Samana, for at du passer på søvnen min," sa Siddhartha
"You're friendly, you followers of the exalted one"
"Dere er vennlige, dere følgere av den opphøyde"
"Now you may go to them"
"Nå kan du gå til dem"
"I'm going, sir. May you always be in good health"
"Jeg går, sir. Måtte du alltid være i god helse"
"I thank you, Samana"
"Jeg takker deg, Samana"
Govinda made the gesture of a salutation and said "Farewell"
Govinda gjorde en hilsen og sa "Farvel"
"Farewell, Govinda" said Siddhartha
"Farvel, Govinda" sa Siddhartha
The monk stopped as if struck by lightning
Munken stoppet som om han ble truffet av lynet
"Permit me to ask, sir, from where do you know my name?"
"Tillat meg å spørre, sir, hvor vet du navnet mitt fra?"
Siddhartha smiled, "I know you, oh Govinda, from your father's hut"
Siddhartha smilte, "Jeg kjenner deg, å Govinda, fra din fars hytte"
"and I know you from the school of the Brahmans"
"og jeg kjenner deg fra Brahmanenes skole"
"and I know you from the offerings"
"og jeg kjenner deg fra ofringene"
"and I know you from our walk to the Samanas"

"og jeg kjenner deg fra vår tur til Samanas"
"and I know you from when you took refuge with the exalted one"
"og jeg kjenner deg fra da du søkte tilflukt hos den opphøyde"
"You're Siddhartha," Govinda exclaimed loudly, "Now, I recognise you"
"Du er Siddhartha," utbrøt Govinda høyt, "Nå kjenner jeg deg igjen"
"I don't comprehend how I couldn't recognise you right away"
"Jeg forstår ikke hvordan jeg ikke kunne gjenkjenne deg med en gang"
"Siddhartha, my joy is great to see you again"
"Siddhartha, min glede er stor å se deg igjen"
"It also gives me joy, to see you again" spoke Siddhartha
"Det gir meg også glede å se deg igjen," sa Siddhartha
"You've been the guard of my sleep"
"Du har vært vakt for søvnen min"
"again, I thank you for this"
"igjen takk for dette"
"but I wouldn't have required any guard"
"men jeg ville ikke ha krevd noen vakt"
"Where are you going to, oh friend?"
"Hvor skal du, å venn?"
"I'm going nowhere," answered Govinda
"Jeg skal ingen steder," svarte Govinda
"We monks are always travelling"
"Vi munker er alltid på reise"
"whenever it is not the rainy season, we move from one place to another"
"når det ikke er regntiden, flytter vi fra ett sted til et annet"
"we live according to the rules of the teachings passed on to us"
"vi lever etter reglene for læren som er gitt oss"
"we accept alms, and then we move on"
"vi tar imot almisser, og så går vi videre"

"It is always like this"
"Det er alltid slik"
"But you, Siddhartha, where are you going to?"
"Men du, Siddhartha, hvor skal du?"
"for me it is as it is with you"
"for meg er det som det er med deg"
"I'm going nowhere; I'm just travelling"
"Jeg skal ingensteds, jeg reiser bare"
"I'm also on a pilgrimage"
"Jeg er også på pilegrimsreise"
Govinda spoke "You say you're on a pilgrimage, and I believe you"
Govinda snakket "Du sier du er på pilegrimsreise, og jeg tror deg"
"But, forgive me, oh Siddhartha, you do not look like a pilgrim"
"Men tilgi meg, å Siddhartha, du ser ikke ut som en pilegrim"
"You're wearing a rich man's garments"
"Du har på deg en rik manns klær"
"you're wearing the shoes of a distinguished gentleman"
"du har på deg skoene til en fremtredende gentleman"
"and your hair, with the fragrance of perfume, is not a pilgrim's hair"
"og håret ditt, med duften av parfyme, er ikke et pilegrimshår"
"you do not have the hair of a Samana"
"du har ikke håret til en Samana"
"you are right, my dear"
"du har rett, min kjære"
"you have observed things well"
"du har observert ting godt"
"your keen eyes see everything"
"dine skarpe øyne ser alt"
"But I haven't said to you that I was a Samana"
"Men jeg har ikke sagt til deg at jeg var en Samana"
"I said I'm on a pilgrimage"
"Jeg sa jeg er på pilegrimsreise"

"And so it is, I'm on a pilgrimage"
"Og så er det, jeg er på pilegrimsreise"
"You're on a pilgrimage" said Govinda
"Du er på pilegrimsreise" sa Govinda
"But few would go on a pilgrimage in such clothes"
"Men få ville dra på pilegrimsreise i slike klær"
"few would pilger in such shoes"
"få ville pilger i slike sko"
"and few pilgrims have such hair"
"og få pilegrimer har slikt hår"
"I have never met such a pilgrim"
"Jeg har aldri møtt en slik pilegrim"
"and I have been a pilgrim for many years"
"og jeg har vært en pilegrim i mange år"
"I believe you, my dear Govinda"
"Jeg tror deg, min kjære Govinda"
"But now, today, you've met a pilgrim just like this"
"Men nå, i dag, har du møtt en pilegrim akkurat som dette"
"a pilgrim wearing these kinds of shoes and garment"
"en pilegrim iført slike sko og plagg"
"Remember, my dear, the world of appearances is not eternal"
"Husk, min kjære, verden av utseende er ikke evig"
"our shoes and garments are anything but eternal"
"våre sko og plagg er alt annet enn evige"
"our hair and bodies are not eternal either"
"våre hår og kropper er heller ikke evige"
I'm wearing a rich man's clothes"
Jeg har på meg en rik manns klær"
"you've seen this quite right"
"du har sett dette helt riktig"
"I'm wearing them, because I have been a rich man"
"Jeg har dem på meg, fordi jeg har vært en rik mann"
"and I'm wearing my hair like the worldly and lustful people"

"og jeg har på meg håret mitt som de verdslige og lystne mennesker"
"because I have been one of them"
"fordi jeg har vært en av dem"
"And what are you now, Siddhartha?" Govinda asked
"Og hva er du nå, Siddhartha?" spurte Govinda
"I don't know it, just like you"
"Jeg vet det ikke, akkurat som deg"
"I was a rich man, and now I am not a rich man anymore"
"Jeg var en rik mann, og nå er jeg ikke en rik mann lenger"
"and what I'll be tomorrow, I don't know"
"og hva jeg blir i morgen, jeg vet ikke"
"You've lost your riches?" asked Govinda
"Har du mistet rikdommen din?" spurte Govinda
"I've lost my riches, or they have lost me"
"Jeg har mistet rikdommen min, eller de har mistet meg"
"My riches somehow happened to slip away from me"
"Rikdommen min falt på en eller annen måte fra meg"
"The wheel of physical manifestations is turning quickly, Govinda"
"Hjulet av fysiske manifestasjoner snur raskt, Govinda"
"Where is Siddhartha the Brahman?"
"Hvor er Brahman Siddhartha?"
"Where is Siddhartha the Samana?"
"Hvor er Samana Siddhartha?"
"Where is Siddhartha the rich man?"
"Hvor er Siddhartha den rike mannen?"
"Non-eternal things change quickly, Govinda, you know it"
"Ikke-evige ting endrer seg raskt, Govinda, du vet det"
Govinda looked at the friend of his youth for a long time
Govinda så lenge på ungdomsvennen
he looked at him with doubt in his eyes
han så på ham med tvil i øynene
After that, he gave him the salutation which one would use on a gentleman

Etter det ga han ham hilsenen som man ville bruke på en gentleman
and he went on his way, and continued his pilgrimage
og han gikk sin vei og fortsatte sin pilegrimsreise
With a smiling face, Siddhartha watched him leave
Med et smilende ansikt så Siddhartha ham gå
he loved him still, this faithful, fearful man
han elsket ham fortsatt, denne trofaste, fryktsomme mannen
how could he not have loved everybody and everything in this moment?
hvordan kunne han ikke ha elsket alle og alt i dette øyeblikket?
in the glorious hour after his wonderful sleep, filled with Om!
i den strålende timen etter hans fantastiske søvn, fylt med Om!
The enchantment, which had happened inside of him in his sleep
Fortryllelsen, som hadde skjedd inni ham i søvne
this enchantment was everything that he loved
denne fortryllelsen var alt han elsket
he was full of joyful love for everything he saw
han var full av gledelig kjærlighet til alt han så
exactly this had been his sickness before
akkurat dette hadde vært hans sykdom før
he had not been able to love anybody or anything
han hadde ikke vært i stand til å elske noen eller noe
With a smiling face, Siddhartha watched the leaving monk
Med et smilende ansikt så Siddhartha på den forlatte munken

The sleep had strengthened him a lot
Søvnen hadde styrket ham mye
but hunger gave him great pain
men sulten ga ham store smerter
by now he had not eaten for two days
nå hadde han ikke spist på to dager
the times were long past when he could resist such hunger

tidene var for lengst forbi da han kunne motstå en slik sult
With sadness, and yet also with a smile, he thought of that time
Med sorg, og likevel også med et smil, tenkte han på den tiden
In those days, so he remembered, he had boasted of three things to Kamala
I de dager, så han husket, hadde han skrytt av tre ting til Kamala
he had been able to do three noble and undefeatable feats
han hadde vært i stand til å gjøre tre edle og ubeseilige bragder
he was able to fast, wait, and think
han var i stand til å faste, vente og tenke
These had been his possessions; his power and strength
Dette hadde vært hans eiendeler; hans kraft og styrke
in the busy, laborious years of his youth, he had learned these three feats
i de travle, arbeidskrevende årene av sin ungdom, hadde han lært disse tre bragdene
And now, his feats had abandoned him
Og nå hadde bragdene forlatt ham
none of his feats were his any more
ingen av hans bragder var hans lenger
neither fasting, nor waiting, nor thinking
verken faste eller vente eller tenke
he had given them up for the most wretched things
han hadde gitt dem opp for de elendigste ting
what is it that fades most quickly?
hva er det som blekner raskest?
sensual lust, the good life, and riches!
sensuell lyst, det gode liv og rikdom!
His life had indeed been strange
Livet hans hadde virkelig vært merkelig
And now, so it seemed, he had really become a childlike person
Og nå, så det virket, var han virkelig blitt en barnslig person

Siddhartha thought about his situation
Siddhartha tenkte på situasjonen hans
Thinking was hard for him now
Å tenke var vanskelig for ham nå
he did not really feel like thinking
han hadde egentlig ikke lyst til å tenke
but he forced himself to think
men han tvang seg selv til å tenke
"all these most easily perishing things have slipped from me"
"alle disse lettest fortapende tingene har sluppet fra meg"
"again, now I'm standing here under the sun"
"igjen, nå står jeg her under solen"
"I am standing here just like a little child"
"Jeg står her som et lite barn"
"nothing is mine, I have no abilities"
"ingenting er mitt, jeg har ingen evner"
"there is nothing I could bring about"
"det er ingenting jeg kan få til"
"I have learned nothing from my life"
"Jeg har ikke lært noe av livet mitt"
"How wondrous all of this is!"
"Hvor fantastisk alt dette er!"
"it's wondrous that I'm no longer young"
"det er underlig at jeg ikke lenger er ung"
"my hair is already half gray and my strength is fading"
"håret mitt er allerede halvgrått og styrken min falmer"
"and now I'm starting again at the beginning, as a child!"
"og nå begynner jeg igjen på begynnelsen, som barn!"
Again, he had to smile to himself
Igjen måtte han smile for seg selv
Yes, his fate had been strange!
Ja, skjebnen hans hadde vært merkelig!
Things were going downhill with him
Ting gikk nedoverbakke med ham
and now he was again facing the world naked and stupid

og nå møtte han verden igjen naken og dum
But he could not feel sad about this
Men han kunne ikke føle seg trist over dette
no, he even felt a great urge to laugh
nei, han følte til og med en stor trang til å le
he felt an urge to laugh about himself
han følte en trang til å le av seg selv
he felt an urge to laugh about this strange, foolish world
han følte en trang til å le av denne merkelige, tåpelige verden
"Things are going downhill with you!" he said to himself
"Det går nedoverbakke med deg!" sa han til seg selv
and he laughed about his situation
og han lo av situasjonen sin
as he was saying it he happened to glance at the river
mens han sa det, så han tilfeldigvis på elven
and he also saw the river going downhill
og han så også at elven gikk nedover
it was singing and being happy about everything
det var å synge og være glad for alt
He liked this, and kindly he smiled at the river
Dette likte han, og smilte vennlig mot elva
Was this not the river in which he had intended to drown himself?
Var ikke dette elven han hadde tenkt å drukne seg i?
in past times, a hundred years ago
i tidligere tider, for hundre år siden
or had he dreamed this?
eller hadde han drømt dette?
"Wondrous indeed was my life" he thought
"Underlig virkelig var livet mitt" tenkte han
"my life has taken wondrous detours"
"livet mitt har tatt fantastiske omveier"
"As a boy, I only dealt with gods and offerings"
"Som gutt handlet jeg bare med guder og offergaver"
"As a youth, I only dealt with asceticism"
"Som ungdom handlet jeg bare med askese"

"I spent my time in thinking and meditation"
"Jeg brukte tiden min på tenkning og meditasjon"
"I was searching for Brahman
"Jeg lette etter Brahman
and I worshipped the eternal in the Atman"
"og jeg tilbad det evige i Atman"
"But as a young man, I followed the penitents"
"Men som en ung mann fulgte jeg de angrende"
"I lived in the forest and suffered heat and frost"
"Jeg bodde i skogen og led av varme og frost"
"there I learned how to overcome hunger"
"der lærte jeg å overvinne sult"
"and I taught my body to become dead"
"og jeg lærte kroppen min å bli død"
"Wonderfully, soon afterwards, insight came towards me"
"Utrolig nok, like etterpå kom innsikt mot meg"
"insight in the form of the great Buddha's teachings"
"innsikt i form av den store Buddhas lære"
"I felt the knowledge of the oneness of the world"
"Jeg følte kunnskapen om verdens enhet"
"I felt it circling in me like my own blood"
"Jeg kjente det sirkle i meg som mitt eget blod"
"But I also had to leave Buddha and the great knowledge"
"Men jeg måtte også forlate Buddha og den store kunnskapen"
"I went and learned the art of love with Kamala"
"Jeg gikk og lærte kjærlighetens kunst med Kamala"
"I learned trading and business with Kamaswami"
"Jeg lærte handel og forretninger med Kamaswami"
"I piled up money, and wasted it again"
"Jeg samlet penger og kastet dem bort igjen"
"I learned to love my stomach and please my senses"
"Jeg lærte å elske magen min og glede sansene mine"
"I had to spend many years losing my spirit"
"Jeg måtte bruke mange år på å miste humøret mitt"
"and I had to unlearn thinking again"
"og jeg måtte avlære å tenke på nytt"

"there I had forgotten the oneness"
"der hadde jeg glemt enheten"
"Isn't it just as if I had turned slowly from a man into a child"?
"Er det ikke akkurat som om jeg sakte hadde forvandlet meg fra mann til barn"?
"from a thinker into a childlike person"
"fra en tenker til en barnlig person"
"And yet, this path has been very good"
"Og likevel har denne veien vært veldig bra"
"and yet, the bird in my chest has not died"
"og likevel har ikke fuglen i brystet mitt dødd"
"what a path has this been!"
"for en vei har dette vært!"
"I had to pass through so much stupidity"
"Jeg måtte gå gjennom så mye dumhet"
"I had to pass through so much vice"
"Jeg måtte gjennom så mye last"
"I had to make so many errors"
"Jeg måtte gjøre så mange feil"
"I had to feel so much disgust and disappointment"
"Jeg måtte føle så mye avsky og skuffelse"
"I had to do all this to become a child again"
"Jeg måtte gjøre alt dette for å bli barn igjen"
"and then I could start over again"
"og så kunne jeg begynne på nytt"
"But it was the right way to do it"
"Men det var den riktige måten å gjøre det på"
"my heart says yes to it and my eyes smile to it"
"mitt hjerte sier ja til det og øynene mine smiler til det"
"I've had to experience despair"
"Jeg har måttet oppleve fortvilelse"
"I've had to sink down to the most foolish of all thoughts"
"Jeg har måttet synke ned til den dummeste av alle tanker"
"I've had to think to the thoughts of suicide"
"Jeg har måttet tenke på tankene om selvmord"

"only then would I be able to experience divine grace"
"bare da ville jeg være i stand til å oppleve guddommelig nåde"
"only then could I hear Om again"
"først da kunne jeg høre Om igjen"
"only then would I be able to sleep properly and awake again"
"først da ville jeg kunne sove ordentlig og våkne igjen"
"I had to become a fool, to find Atman in me again"
"Jeg måtte bli en tosk for å finne Atman i meg igjen"
"I had to sin, to be able to live again"
"Jeg måtte synde for å kunne leve igjen"
"Where else might my path lead me to?"
"Hvor ellers kan veien min føre meg hen?"
"It is foolish, this path, it moves in loops"
"Det er dumt, denne stien, den beveger seg i løkker"
"perhaps it is going around in a circle"
"kanskje den går rundt i en sirkel"
"Let this path go where it likes"
"La denne veien gå dit den vil"
"where ever this path goes, I want to follow it"
"hvor enn denne veien går, vil jeg følge den"
he felt joy rolling like waves in his chest
han kjente gleden rulle som bølger i brystet
he asked his heart, "from where did you get this happiness?"
spurte han hjertet, "hvor fikk du denne lykken fra?"
"does it perhaps come from that long, good sleep?"
"kommer det kanskje fra den lange, gode søvnen?"
"the sleep which has done me so much good"
"søvnen som har gjort meg så mye godt"
"or does it come from the word Om, which I said?"
"eller kommer det fra ordet Om, som jeg sa?"
"Or does it come from the fact that I have escaped?"
"Eller kommer det av at jeg har rømt?"
"does this happiness come from standing like a child under the sky?"

"kommer denne lykken av å stå som et barn under himmelen?"
"Oh how good is it to have fled"
"Å, så godt det er å ha flyktet"
"it is great to have become free!"
"det er flott å ha blitt fri!"
"How clean and beautiful the air here is"
"Hvor ren og vakker luften er her"
"the air is good to breath"
"luften er god å puste"
"where I ran away from everything smelled of ointments"
"der jeg rømte fra alt luktet salver"
"spices, wine, excess, sloth"
"krydder, vin, overflødig, dovendyr"
"How I hated this world of the rich"
"Hvordan jeg hatet denne verden av de rike"
"I hated those who revel in fine food and the gamblers!"
"Jeg hatet dem som nyter god mat og gamblere!"
"I hated myself for staying in this terrible world for so long!
"Jeg hatet meg selv for å ha vært i denne forferdelige verden så lenge!
"I have deprived, poisoned, and tortured myself"
"Jeg har fratatt, forgiftet og torturert meg selv"
"I have made myself old and evil!"
"Jeg har gjort meg selv gammel og ond!"
"No, I will never again do the things I liked doing so much"
"Nei, jeg vil aldri igjen gjøre de tingene jeg likte å gjøre så mye"
"I won't delude myself into thinking that Siddhartha was wise!"
"Jeg vil ikke lure meg selv til å tro at Siddhartha var klok!"
"But this one thing I have done well"
"Men denne ene tingen har jeg gjort bra"
"this I like, this I must praise"
"dette liker jeg, dette må jeg berømme"
"I like that there is now an end to that hatred against myself"

"Jeg liker at det nå er slutt på hatet mot meg selv"
"there is an end to that foolish and dreary life!"
"det er slutt på det tåpelige og triste livet!"
"I praise you, Siddhartha, after so many years of foolishness"
"Jeg priser deg, Siddhartha, etter så mange år med dårskap"
"you have once again had an idea"
"du har nok en gang fått en idé"
"you have heard the bird in your chest singing"
"du har hørt fuglen i brystet synge"
"and you followed the song of the bird!"
"og du fulgte fuglens sang!"
with these thoughts he praised himself
med disse tankene priste han seg selv
he had found joy in himself again
han hadde funnet gleden i seg selv igjen
he listened curiously to his stomach rumbling with hunger
han lyttet nysgjerrig til magen som rumlet av sult
he had tasted and spat out a piece of suffering and misery
han hadde smakt og spyttet ut et stykke lidelse og elendighet
in these recent times and days, this is how he felt
i disse siste tider og dager, dette er hvordan han følte
he had devoured it up to the point of desperation and death
han hadde slukt det til desperasjon og død
how everything had happened was good
hvordan alt hadde skjedd var bra
he could have stayed with Kamaswami for much longer
han kunne ha blitt hos Kamaswami mye lenger
he could have made more money, and then wasted it
han kunne ha tjent mer penger, og så kastet det bort
he could have filled his stomach and let his soul die of thirst
han kunne ha fylt magen og latt sjelen dø av tørst
he could have lived in this soft upholstered hell much longer
han kunne ha levd i dette myke polstrede helvete mye lenger
if this had not happened, he would have continued this life
hvis dette ikke hadde skjedd, ville han ha fortsatt dette livet

the moment of complete hopelessness and despair
øyeblikket av fullstendig håpløshet og fortvilelse
the most extreme moment when he hung over the rushing waters
det mest ekstreme øyeblikket da han hang over det brusende vannet
the moment he was ready to destroy himself
øyeblikket han var klar til å ødelegge seg selv
the moment he had felt this despair and deep disgust
i det øyeblikket han hadde følt denne fortvilelsen og dype avskyen
he had not succumbed to it
han hadde ikke bukket under for det
the bird was still alive after all
fuglen var tross alt fortsatt i live
this was why he felt joy and laughed
det var derfor han følte glede og lo
this was why his face was smiling brightly under his hair
det var derfor ansiktet hans smilte lyst under håret
his hair which had now turned gray
håret hans som nå var blitt grått
"It is good," he thought, "to get a taste of everything for oneself"
"Det er godt," tenkte han, "å få smake på alt selv"
"everything which one needs to know"
"alt man trenger å vite"
"lust for the world and riches do not belong to the good things"
"lyst etter verden og rikdom hører ikke til de gode tingene"
"I have already learned this as a child"
"Jeg har allerede lært dette som barn"
"I have known it for a long time"
"Jeg har visst det lenge"
"but I hadn't experienced it until now"
"men jeg hadde ikke opplevd det før nå"
"And now that I I've experienced it I know it"

"Og nå som jeg har opplevd det vet jeg det"
"I don't just know it in my memory, but in my eyes, heart, and stomach"
"Jeg vet det ikke bare i hukommelsen, men i øynene, hjertet og magen"
"it is good for me to know this!"
"det er godt for meg å vite dette!"

For a long time, he pondered his transformation
I lang tid grunnet han på forvandlingen sin
he listened to the bird, as it sang for joy
han lyttet til fuglen, mens den sang av glede
Had this bird not died in him?
Hadde ikke denne fuglen dødd i ham?
had he not felt this bird's death?
hadde han ikke følt denne fuglens død?
No, something else from within him had died
Nei, noe annet fra ham hadde dødd
something which yearned to die had died
noe som lengtet etter å dø hadde dødd
Was it not this that he used to intend to kill?
Var det ikke dette han pleide å drepe?
Was it not his his small, frightened, and proud self that had died?
Var det ikke hans lille, redde og stolte jeg som hadde dødd?
he had wrestled with his self for so many years
han hadde kjempet med seg selv i så mange år
the self which had defeated him again and again
jeget som hadde beseiret ham igjen og igjen
the self which was back again after every killing
jeget som var tilbake igjen etter hvert drap
the self which prohibited joy and felt fear?
selvet som forbød glede og følte frykt?
Was it not this self which today had finally come to its death?

Var det ikke dette jeget som i dag endelig hadde kommet til sin død?
here in the forest, by this lovely river
her i skogen, ved denne vakre elva
Was it not due to this death, that he was now like a child?
Var det ikke på grunn av dette dødsfallet at han nå var som et barn?
so full of trust and joy, without fear
så full av tillit og glede, uten frykt
Now Siddhartha also got some idea of why he had fought this self in vain
Nå fikk Siddhartha også en ide om hvorfor han hadde kjempet mot dette jeget forgjeves
he knew why he couldn't fight his self as a Brahman
han visste hvorfor han ikke kunne kjempe mot seg selv som en brahman
Too much knowledge had held him back
For mye kunnskap hadde holdt ham tilbake
too many holy verses, sacrificial rules, and self-castigation
for mange hellige vers, ofringsregler og selvkasting
all these things held him back
alle disse tingene holdt ham tilbake
so much doing and striving for that goal!
så mye å gjøre og streve for det målet!
he had been full of arrogance
han hadde vært full av arroganse
he was always the smartest
han var alltid den smarteste
he was always working the most
han jobbet alltid mest
he had always been one step ahead of all others
han hadde alltid vært et skritt foran alle andre
he was always the knowing and spiritual one
han var alltid den vitende og åndelige
he was always considered the priest or wise one
han ble alltid ansett som presten eller den kloke

his self had retreated into being a priest, arrogance, and spirituality
han selv hadde trukket seg tilbake til å være prest, arroganse og spiritualitet
there it sat firmly and grew all this time
der satt den støtt og vokste hele denne tiden
and he had thought he could kill it by fasting
og han hadde trodd at han kunne drepe den ved å faste
Now he saw his life as it had become
Nå så han livet sitt slik det hadde blitt
he saw that the secret voice had been right
han så at den hemmelige stemmen hadde hatt rett
no teacher would ever have been able to bring about his salvation
ingen lærer ville noen gang vært i stand til å få til sin frelse
Therefore, he had to go out into the world
Derfor måtte han ut i verden
he had to lose himself to lust and power
han måtte miste seg til begjær og makt
he had to lose himself to women and money
han måtte miste seg til kvinner og penger
he had to become a merchant, a dice-gambler, a drinker
han måtte bli kjøpmann, terningspiller, drikker
and he had to become a greedy person
og han måtte bli en grådig person
he had to do this until the priest and Samana in him was dead
han måtte gjøre dette til presten og Samana i ham var døde
Therefore, he had to continue bearing these ugly years
Derfor måtte han fortsette å bære disse stygge årene
he had to bear the disgust and the teachings
han måtte bære avskyen og læren
he had to bear the pointlessness of a dreary and wasted life
han måtte tåle meningsløsheten i et trist og bortkastet liv
he had to conclude it up to its bitter end
han måtte avslutte det til den bitre slutten

he had to do this until Siddhartha the lustful could also die
han måtte gjøre dette til Siddhartha den lystne også kunne dø
He had died and a new Siddhartha had woken up from the sleep
Han hadde dødd og en ny Siddhartha hadde våknet fra søvnen
this new Siddhartha would also grow old
denne nye Siddhartha ville også bli gammel
he would also have to die eventually
han måtte også dø til slutt
Siddhartha was still mortal, as is every physical form
Siddhartha var fortsatt dødelig, som alle fysiske former
But today he was young and a child and full of joy
Men i dag var han ung og et barn og full av glede
He thought these thoughts to himself
Han tenkte disse tankene for seg selv
he listened with a smile to his stomach
han lyttet med et smil til magen
he listened gratefully to a buzzing bee
han lyttet takknemlig til en summende bie
Cheerfully, he looked into the rushing river
Glad så han inn i den brusende elven
he had never before liked a water as much as this one
han hadde aldri før likt et vann så mye som dette
he had never before perceived the voice so stronger
han hadde aldri før oppfattet stemmen så sterkere
he had never understood the parable of the moving water so strongly
han hadde aldri forstått lignelsen om det bevegelige vannet så sterkt
he had never before noticed how beautifully the river moved
han hadde aldri før lagt merke til hvor vakkert elva rørte seg
It seemed to him, as if the river had something special to tell him

Det virket for ham som om elven hadde noe spesielt å fortelle ham
something he did not know yet, which was still awaiting him
noe han ikke visste ennå, som fortsatt ventet på ham
In this river, Siddhartha had intended to drown himself
I denne elven hadde Siddhartha tenkt å drukne seg selv
in this river the old, tired, desperate Siddhartha had drowned today
i denne elven hadde den gamle, slitne, desperate Siddhartha druknet i dag
But the new Siddhartha felt a deep love for this rushing water
Men den nye Siddhartha følte en dyp kjærlighet til dette brusende vannet
and he decided for himself, not to leave it very soon
og han bestemte seg for å ikke forlate det veldig snart

The Ferryman
Fergemannen

"By this river I want to stay," thought Siddhartha
"Ved denne elven vil jeg bli," tenkte Siddhartha
"it is the same river which I have crossed a long time ago"
"det er den samme elven som jeg har krysset for lenge siden"
"I was on my way to the childlike people"
"Jeg var på vei til de barnlige menneskene"
"a friendly ferryman had guided me across the river"
"en vennlig fergemann hadde guidet meg over elven"
"he is the one I want to go to"
"han er den jeg vil gå til"
"starting out from his hut, my path led me to a new life"
"Jeg startet fra hytta hans og førte meg til et nytt liv"
"a path which had grown old and is now dead"
"en sti som hadde blitt gammel og nå er død"
"my present path shall also take its start there!"
"min nåværende vei skal også ta sin start der!"
Tenderly, he looked into the rushing water
Ømt så han inn i det brusende vannet
he looked into the transparent green lines the water drew
han så inn i de gjennomsiktige grønne linjene vannet tegnet
the crystal lines of water were rich in secrets
krystalllinjene av vann var rike på hemmeligheter
he saw bright pearls rising from the deep
han så lyse perler stige opp fra dypet
quiet bubbles of air floating on the reflecting surface
stille luftbobler som flyter på den reflekterende overflaten
the blue of the sky depicted in the bubbles
den blå himmelen avbildet i boblene
the river looked at him with a thousand eyes
elven så på ham med tusen øyne
the river had green eyes and white eyes
elven hadde grønne øyne og hvite øyne
the river had crystal eyes and sky-blue eyes

elven hadde krystalløyne og himmelblå øyne
he loved this water very much, it delighted him
han elsket dette vannet veldig mye, det gledet ham
he was grateful to the water
han var takknemlig for vannet
In his heart he heard the voice talking
Innerst inne hørte han stemmen snakke
"Love this water! Stay near it!"
"Elsker dette vannet! Hold deg i nærheten av det!"
"Learn from the water!" his voice commanded him
"Lær av vannet!" stemmen hans befalte ham
Oh yes, he wanted to learn from it
Å ja, han ville lære av det
he wanted to listen to the water
han ville høre på vannet
He who would understand this water's secrets
Han som ville forstå dette vannets hemmeligheter
he would also understand many other things
han ville også forstå mange andre ting
this is how it seemed to him
slik virket det for ham
But out of all secrets of the river, today he only saw one
Men av alle elvens hemmeligheter så han i dag bare én
this secret touched his soul
denne hemmeligheten berørte hans sjel
this water ran and ran, incessantly
dette vannet rant og rant, ustanselig
the water ran, but nevertheless it was always there
vannet rant, men ikke desto mindre var det alltid der
the water always, at all times, was the same
vannet alltid, til enhver tid, var det samme
and at the same time it was new in every moment
og samtidig var det nytt i hvert øyeblikk
he who could grasp this would be great
han som kunne fatte dette ville være stor
but he didn't understand or grasp it

men han forsto eller skjønte det ikke
he only felt some idea of it stirring
han kjente bare at det rørte på seg
it was like a distant memory, a divine voices
det var som et fjernt minne, en guddommelig stemmer

Siddhartha rose as the workings of hunger in his body became unbearable
Siddhartha reiste seg da sulten i kroppen hans ble uutholdelig
In a daze he walked further away from the city
Forvirret gikk han lenger bort fra byen
he walked up the river along the path by the bank
han gikk oppover elva langs stien ved bredden
he listened to the current of the water
han lyttet til vannets strøm
he listened to the rumbling hunger in his body
han lyttet til den buldrende sulten i kroppen
When he reached the ferry, the boat was just arriving
Da han kom fram til fergen var båten akkurat på vei
the same ferryman who had once transported the young Samana across the river
den samme fergemannen som en gang hadde fraktet den unge Samana over elven
he stood in the boat and Siddhartha recognised him
han sto i båten og Siddhartha kjente ham igjen
he had also aged very much
han var også blitt veldig gammel
the ferryman was astonished to see such an elegant man walking on foot
fergemannen ble overrasket over å se en så elegant mann gå til fots
"Would you like to ferry me over?" he asked
"Vil du ferge meg over?" spurte han
he took him into his boat and pushed it off the bank
han tok ham inn i båten og dyttet den av bredden

"It's a beautiful life you have chosen for yourself" the passenger spoke
"Det er et vakkert liv du har valgt for deg selv" sa passasjeren
"It must be beautiful to live by this water every day"
"Det må være vakkert å bo ved dette vannet hver dag"
"and it must be beautiful to cruise on it on the river"
"og det må være vakkert å cruise på den på elven"
With a smile, the man at the oar moved from side to side
Med et smil beveget mannen ved åren seg fra side til side
"It is as beautiful as you say, sir"
"Det er så vakkert som du sier, sir"
"But isn't every life and all work beautiful?"
"Men er ikke hvert liv og alt arbeid vakkert?"
"This may be true" replied Siddhartha
"Dette kan være sant" svarte Siddhartha
"But I envy you for your life"
"Men jeg misunner deg for livet ditt"
"Ah, you would soon stop enjoying it"
"Ah, du ville snart slutte å nyte det"
"This is no work for people wearing fine clothes"
"Dette er ikke noe arbeid for folk som har på seg fine klær"
Siddhartha laughed at the observation
Siddhartha lo av observasjonen
"Once before, I have been looked upon today because of my clothes"
"En gang før har jeg blitt sett på i dag på grunn av klærne mine"
"I have been looked upon with distrust"
"Jeg har blitt sett på med mistillit"
"they are a nuisance to me"
"de er til sjenanse for meg"
"Wouldn't you, ferryman, like to accept these clothes"
"Vil du ikke, fergemann, godta disse klærne"
"because you must know, I have no money to pay your fare"
"fordi du må vite at jeg ikke har penger til å betale prisen din"
"You're joking, sir," the ferryman laughed

«Du tuller, sir,» lo fergemannen
"I'm not joking, friend"
"Jeg tuller ikke, venn"
"once before you have ferried me across this water in your boat"
"en gang før har du fraktet meg over dette vannet i båten din"
"you did it for the immaterial reward of a good deed"
"du gjorde det for den uvesentlige belønningen av en god gjerning"
"ferry me across the river and accept my clothes for it"
"fer meg over elven og ta imot klærne mine for det"
"And do you, sir, intent to continue travelling without clothes?"
"Og har du, sir, tenkt å fortsette å reise uten klær?"
"Ah, most of all I wouldn't want to continue travelling at all"
"Ah, mest av alt vil jeg ikke fortsette å reise i det hele tatt"
"I would rather you gave me an old loincloth"
"Jeg vil heller at du ga meg et gammelt lendeklede"
"I would like it if you kept me with you as your assistant"
"Jeg vil gjerne ha meg med deg som din assistent"
"or rather, I would like if you accepted me as your trainee"
"eller rettere sagt, jeg vil gjerne om du godtok meg som din trainee"
"because first I'll have to learn how to handle the boat"
"fordi jeg først må lære meg å håndtere båten"
For a long time, the ferryman looked at the stranger
Lenge så fergemannen på den fremmede
he was searching in his memory for this strange man
han lette i minnet etter denne merkelige mannen
"Now I recognise you," he finally said
«Nå kjenner jeg deg igjen», sa han til slutt
"At one time, you've slept in my hut"
"På en gang har du sovet i hytta mi"
"this was a long time ago, possibly more than twenty years"
"dette var lenge siden, muligens mer enn tjue år"
"and you've been ferried across the river by me"

"og du har blitt ferget over elven av meg"
"that day we parted like good friends"
"den dagen skiltes vi som gode venner"
"Haven't you been a Samana?"
"Har du ikke vært en Samana?"
"I can't think of your name anymore"
"Jeg kan ikke tenke på navnet ditt lenger"
"My name is Siddhartha, and I was a Samana"
"Mitt navn er Siddhartha, og jeg var en Samana"
"I had still been a Samana when you last saw me"
"Jeg hadde fortsatt vært en Samana da du sist så meg"
"So be welcome, Siddhartha. My name is Vasudeva"
"Så vær velkommen, Siddhartha. Mitt navn er Vasudeva"
"You will, so I hope, be my guest today as well"
"Du vil, så jeg håper, være min gjest i dag også"
"and you may sleep in my hut"
"og du kan sove i hytta mi"
"and you may tell me, where you're coming from"
"og du kan fortelle meg hvor du kommer fra"
"and you may tell me why these beautiful clothes are such a nuisance to you"
"og du kan fortelle meg hvorfor disse vakre klærne er så plagsomme for deg"
They had reached the middle of the river
De hadde nådd midten av elva
Vasudeva pushed the oar with more strength
Vasudeva dyttet åren med mer styrke
in order to overcome the current
for å overvinne strømmen
He worked calmly, with brawny arms
Han jobbet rolig, med magre armer
his eyes were fixed in on the front of the boat
øynene hans var festet på forsiden av båten
Siddhartha sat and watched him
Siddhartha satt og så på ham
he remembered his time as a Samana

han husket tiden som Samana
he remembered how love for this man had stirred in his heart
han husket hvordan kjærligheten til denne mannen hadde rørt seg i hjertet hans
Gratefully, he accepted Vasudeva's invitation
Takknemlig takket han ja til Vasudevas invitasjon
When they had reached the bank, he helped him to tie the boat to the stakes
Da de var kommet til bredden, hjalp han ham med å binde båten til stakene
after this, the ferryman asked him to enter the hut
etter dette ba fergemannen ham gå inn i hytta
he offered him bread and water, and Siddhartha ate with eager pleasure
han tilbød ham brød og vann, og Siddhartha spiste med ivrig glede
and he also ate with eager pleasure of the mango fruits Vasudeva offered him
og han spiste også med ivrig glede av mangofruktene Vasudeva tilbød ham

Afterwards, it was almost the time of the sunset
Etterpå var det nesten tid for solnedgang
they sat on a log by the bank
de satt på en stokk ved banken
Siddhartha told the ferryman about where he originally came from
Siddhartha fortalte fergemannen om hvor han opprinnelig kom fra
he told him about his life as he had seen it today
han fortalte ham om livet sitt slik han hadde sett det i dag
the way he had seen it in that hour of despair
slik han hadde sett det i den fortvilelsens time
the tale of his life lasted late into the night
historien om hans liv varte til langt ut på natten

Vasudeva listened with great attention
Vasudeva lyttet med stor oppmerksomhet
Listening carefully, he let everything enter his mind
Han lyttet nøye og lot alt komme inn i hodet hans
birthplace and childhood, all that learning
fødested og barndom, all den læringen
all that searching, all joy, all distress
all den søken, all glede, all nød
This was one of the greatest virtues of the ferryman
Dette var en av fergemannens største dyder
like only a few, he knew how to listen
som bare noen få visste han hvordan han skulle lytte
he did not have to speak a word
han trengte ikke å si et ord
but the speaker sensed how Vasudeva let his words enter his mind
men foredragsholderen fornemmet hvordan Vasudeva lot ordene komme inn i hodet hans
his mind was quiet, open, and waiting
sinnet hans var stille, åpent og ventende
he did not lose a single word
han mistet ikke et eneste ord
he did not await a single word with impatience
han ventet ikke et eneste ord med utålmodighet
he did not add his praise or rebuke
han la ikke til sin ros eller irettesettelse
he was just listening, and nothing else
han bare lyttet, og ingenting annet
Siddhartha felt what a happy fortune it is to confess to such a listener
Siddhartha følte hvilken lykkelig lykke det er å tilstå for en slik lytter
he felt fortunate to bury in his heart his own life
han følte seg heldig som fikk begrave sitt eget liv i sitt hjerte
he buried his own search and suffering
han begravde sin egen leting og lidelse

he told the tale of Siddhartha's life
han fortalte historien om Siddharthas liv
when he spoke of the tree by the river
da han snakket om treet ved elven
when he spoke of his deep fall
da han snakket om sitt dype fall
when he spoke of the holy Om
da han snakket om det hellige Om
when he spoke of how he had felt such a love for the river
da han snakket om hvordan han hadde følt en slik kjærlighet til elven
the ferryman listened to these things with twice as much attention
fergemannen hørte på disse tingene med dobbelt så mye oppmerksomhet
he was entirely and completely absorbed by it
han var helt og fullstendig oppslukt av det
he was listening with his eyes closed
han lyttet med lukkede øyne
when Siddhartha fell silent a long silence occurred
da Siddhartha ble stille oppsto en lang stillhet
then Vasudeva spoke "It is as I thought"
da sa Vasudeva "Det er som jeg trodde"
"The river has spoken to you"
"Elven har talt til deg"
"the river is your friend as well"
"elven er din venn også"
"the river speaks to you as well"
"elven snakker til deg også"
"That is good, that is very good"
"Det er bra, det er veldig bra"
"Stay with me, Siddhartha, my friend"
"Bli hos meg, Siddhartha, min venn"
"I used to have a wife"
"Jeg pleide å ha en kone"
"her bed was next to mine"

"sengen hennes var ved siden av min"
"but she has died a long time ago"
"men hun har dødd for lenge siden"
"for a long time, I have lived alone"
"I lang tid har jeg bodd alene"
"Now, you shall live with me"
"Nå skal du bo hos meg"
"there is enough space and food for both of us"
"det er nok plass og mat til oss begge"
"I thank you," said Siddhartha
"Jeg takker deg," sa Siddhartha
"I thank you and accept"
"Jeg takker og aksepterer"
"And I also thank you for this, Vasudeva"
"Og jeg takker deg også for dette, Vasudeva"
"I thank you for listening to me so well"
"Jeg takker for at du lyttet så godt til meg"
"people who know how to listen are rare"
"folk som vet hvordan de skal lytte er sjeldne"
"I have not met a single person who knew it as well as you do"
"Jeg har ikke møtt en eneste person som visste det så godt som deg"
"I will also learn in this respect from you"
"Jeg vil også lære av deg i denne forbindelse"
"You will learn it," spoke Vasudeva
"Du vil lære det," sa Vasudeva
"but you will not learn it from me"
"men du vil ikke lære det av meg"
"The river has taught me to listen"
"Elven har lært meg å lytte"
"you will learn to listen from the river as well"
"du vil lære å lytte fra elven også"
"It knows everything, the river"
"Den vet alt, elven"
"everything can be learned from the river"

"alt kan læres av elven"
"See, you've already learned this from the water too"
"Se, du har allerede lært dette fra vannet også"
"you have learned that it is good to strive downwards"
"du har lært at det er godt å streve nedover"
"you have learned to sink and to seek depth"
"du har lært å synke og å søke dybde"
"The rich and elegant Siddhartha is becoming an oarsman's servant"
"Den rike og elegante Siddhartha er i ferd med å bli en roers tjener"
"the learned Brahman Siddhartha becomes a ferryman"
"den lærde Brahman Siddhartha blir en fergemann"
"this has also been told to you by the river"
"dette har også blitt fortalt deg ved elven"
"You'll learn the other thing from it as well"
"Du vil lære det andre av det også"
Siddhartha spoke after a long pause
Siddhartha snakket etter en lang pause
"What other things will I learn, Vasudeva?"
"Hva andre ting vil jeg lære, Vasudeva?"
Vasudeva rose. "It is late," he said
Vasudeva steg. «Det er sent,» sa han
and Vasudeva proposed going to sleep
og Vasudeva foreslo å legge seg
"I can't tell you that other thing, oh friend"
"Jeg kan ikke fortelle deg den andre tingen, å venn"
"You'll learn the other thing, or perhaps you know it already"
"Du vil lære den andre tingen, eller kanskje du vet det allerede"
"See, I'm no learned man"
"Se, jeg er ingen lærd mann"
"I have no special skill in speaking"
"Jeg har ingen spesiell ferdighet i å snakke"
"I also have no special skill in thinking"

"Jeg har heller ingen spesiell evne til å tenke"
"All I'm able to do is to listen and to be godly"
"Alt jeg kan gjøre er å lytte og være gudfryktig"
"I have learned nothing else"
"Jeg har ikke lært noe annet"
"If I was able to say and teach it, I might be a wise man"
"Hvis jeg var i stand til å si og lære det, ville jeg kanskje vært en klok mann"
"but like this I am only a ferryman"
"men sånn er jeg bare en fergemann"
"and it is my task to ferry people across the river"
"og det er min oppgave å frakte folk over elven"
"I have transported many thousands of people"
"Jeg har fraktet mange tusen mennesker"
"and to all of them, my river has been nothing but an obstacle"
"og for dem alle har elven min ikke vært annet enn en hindring"
"it was something that got in the way of their travels"
"det var noe som kom i veien for reisen deres"
"they travelled to seek money and business"
"de reiste for å søke penger og forretninger"
"they travelled for weddings and pilgrimages"
"de reiste for bryllup og pilegrimsreiser"
"and the river was obstructing their path"
"og elven hindret veien deres"
"the ferryman's job was to get them quickly across that obstacle"
"fergemannens jobb var å få dem raskt over hindringen"
"But for some among thousands, a few, the river has stopped being an obstacle"
"Men for noen blant tusenvis, noen få, har elven sluttet å være et hinder"
"they have heard its voice and they have listened to it"
"de har hørt stemmen dens og de har lyttet til den"
"and the river has become sacred to them"

"og elven er blitt hellig for dem"
"it become sacred to them as it has become sacred to me"
"det er blitt hellig for dem som det har blitt hellig for meg"
"for now, let us rest, Siddhartha"
"for nå, la oss hvile, Siddhartha"

Siddhartha stayed with the ferryman and learned to operate the boat
Siddhartha ble hos fergemannen og lærte å betjene båten
when there was nothing to do at the ferry, he worked with Vasudeva in the rice-field
da det ikke var noe å gjøre på fergen, jobbet han med Vasudeva i rismarken
he gathered wood and plucked the fruit off the banana-trees
han samlet ved og plukket frukten av banantrærne
He learned to build an oar and how to mend the boat
Han lærte å bygge en åre og hvordan å reparere båten
he learned how to weave baskets and repaid the hut
han lærte å veve kurver og betalte tilbake hytta
and he was joyful because of everything he learned
og han var glad på grunn av alt han lærte
the days and months passed quickly
dagene og månedene gikk fort
But more than Vasudeva could teach him, he was taught by the river
Men mer enn Vasudeva kunne lære ham, ble han undervist av elven
Incessantly, he learned from the river
Ustanselig lærte han av elven
Most of all, he learned to listen
Mest av alt lærte han å lytte
he learned to pay close attention with a quiet heart
han lærte å følge nøye med med et stille hjerte
he learned to keep a waiting, open soul
han lærte å holde en ventende, åpen sjel
he learned to listen without passion

han lærte å lytte uten lidenskap
he learned to listen without a wish
han lærte å lytte uten et ønske
he learned to listen without judgement
han lærte å lytte uten å dømme
he learned to listen without an opinion
han lærte å lytte uten en mening

In a friendly manner, he lived side by side with Vasudeva
På en vennlig måte levde han side om side med Vasudeva
occasionally they exchanged some words
av og til utvekslet de noen ord
then, at length, they thought about the words
så tenkte de til slutt på ordene
Vasudeva was no friend of words
Vasudeva var ingen venn av ord
Siddhartha rarely succeeded in persuading him to speak
Siddhartha lyktes sjelden i å overtale ham til å snakke
"did you too learn that secret from the river?"
"har du også lært den hemmeligheten fra elven?"
"the secret that there is no time?"
"hemmeligheten at det ikke er tid?"
Vasudeva's face was filled with a bright smile
Vasudevas ansikt var fylt med et lyst smil
"Yes, Siddhartha," he spoke
"Ja, Siddhartha," sa han
"I learned that the river is everywhere at once"
"Jeg lærte at elven er overalt på en gang"
"it is at the source and at the mouth of the river"
"det er ved kilden og ved munningen av elven"
"it is at the waterfall and at the ferry"
"det er ved fossen og ved fergen"
"it is at the rapids and in the sea"
"det er ved stryk og i sjøen"
"it is in the mountains and everywhere at once"
"det er i fjellet og overalt på en gang"

"and I learned that there is only the present time for the river"
"og jeg lærte at det bare er nåtiden for elven"
"it does not have the shadow of the past"
"den har ikke skyggen av fortiden"
"and it does not have the shadow of the future"
"og det har ikke fremtidens skygge"
"is this what you mean?" he asked
"er det dette du mener?" spurte han
"This is what I meant," said Siddhartha
"Dette er hva jeg mente," sa Siddhartha
"And when I had learned it, I looked at my life"
"Og da jeg hadde lært det, så jeg på livet mitt"
"and my life was also a river"
"og livet mitt var også en elv"
"the boy Siddhartha was only separated from the man Siddhartha by a shadow"
"gutten Siddhartha ble bare skilt fra mannen Siddhartha av en skygge"
"and a shadow separated the man Siddhartha from the old man Siddhartha"
"og en skygge skilte mannen Siddhartha fra den gamle mannen Siddhartha"
"things are separated by a shadow, not by something real"
"ting er atskilt av en skygge, ikke av noe ekte"
"Also, Siddhartha's previous births were not in the past"
"Siddharthas tidligere fødsler var heller ikke i fortiden"
"and his death and his return to Brahma is not in the future"
"og hans død og hans retur til Brahma er ikke i fremtiden"
"nothing was, nothing will be, but everything is"
"ingenting var, ingenting vil være, men alt er"
"everything has existence and is present"
"alt har eksistens og er tilstede"
Siddhartha spoke with ecstasy
Siddhartha snakket i ekstase
this enlightenment had delighted him deeply

denne opplysningen hadde gledet ham dypt
"was not all suffering time?"
"var ikke all lidelsestid?"
"were not all forms of tormenting oneself a form of time?"
"var ikke alle former for å plage seg selv en form for tid?"
"was not everything hard and hostile because of time?"
"var ikke alt hardt og fiendtlig på grunn av tiden?"
"is not everything evil overcome when one overcomes time?"
"er ikke alt ondt overvunnet når man overvinner tiden?"
"as soon as time leaves the mind, does suffering leave too?"
"så snart tiden forlater sinnet, forlater lidelsen også?"
Siddhartha had spoken in ecstatic delight
Siddhartha hadde snakket i ekstatisk glede
but Vasudeva smiled at him brightly and nodded in confirmation
men Vasudeva smilte lyst til ham og nikket bekreftende
silently he nodded and brushed his hand over Siddhartha's shoulder
stille nikket han og strøk hånden over Siddharthas skulder
and then he turned back to his work
og så vendte han tilbake til arbeidet sitt

And Siddhartha asked Vasudeva again another time
Og Siddhartha spurte Vasudeva igjen en annen gang
the river had just increased its flow in the rainy season
elven hadde nettopp økt strømmen i regntiden
and it made a powerful noise
og det laget en kraftig lyd
"Isn't it so, oh friend, the river has many voices?"
"Er det ikke slik, å venn, elven har mange stemmer?"
"Hasn't it the voice of a king and of a warrior?"
"Er det ikke stemmen til en konge og en kriger?"
"Hasn't it the voice of of a bull and of a bird of the night?"
"Er det ikke stemmen til en okse og en natts fugl?"
"Hasn't it the voice of a woman giving birth and of a sighing man?"

"Er det ikke stemmen til en fødende kvinne og en sukkende mann?"
"and does it not also have a thousand other voices?"
"og har den ikke også tusen andre stemmer?"
"it is as you say it is," Vasudeva nodded
"det er som du sier det er," nikket Vasudeva
"all voices of the creatures are in its voice"
"alle skapningenes stemmer er i stemmen deres"
"And do you know..." Siddhartha continued
"Og vet du..." fortsatte Siddhartha
"what word does it speak when you succeed in hearing all of voices at once?"
"hvilket ord sier det når du lykkes med å høre alle stemmene samtidig?"
Happily, Vasudeva's face was smiling
Lykkelig smilte Vasudevas ansikt
he bent over to Siddhartha and spoke the holy Om into his ear
han bøyde seg til Siddhartha og talte det hellige Om inn i øret hans
And this had been the very thing which Siddhartha had also been hearing
Og dette hadde vært akkurat det som Siddhartha også hadde hørt

time after time, his smile became more similar to the ferryman's
gang på gang ble smilet hans mer likt fergemannens
his smile became almost just as bright as the ferryman's
smilet hans ble nesten like lyst som fergemannens
it was almost just as thoroughly glowing with bliss
det var nesten like grundig glødende av lykke
shining out of thousand small wrinkles
skinner ut av tusen små rynker
just like the smile of a child
akkurat som smilet til et barn

just like the smile of an old man
akkurat som smilet til en gammel mann
Many travellers, seeing the two ferrymen, thought they were brothers
Mange reisende, som så de to fergemennene, trodde de var brødre
Often, they sat in the evening together by the bank
Ofte satt de sammen ved banken om kvelden
they said nothing and both listened to the water
de sa ingenting og hørte begge på vannet
the water, which was not water to them
vannet, som ikke var vann for dem
it wasn't water, but the voice of life
det var ikke vann, men livets stemme
the voice of what exists and what is eternally taking shape
stemmen til det som eksisterer og det som evig tar form
it happened from time to time that both thought of the same thing
det hendte fra tid til annen at begge tenkte på det samme
they thought of a conversation from the day before
de tenkte på en samtale fra dagen før
they thought of one of their travellers
de tenkte på en av sine reisende
they thought of death and their childhood
de tenkte på døden og sin barndom
they heard the river tell them the same thing
de hørte elven fortelle dem det samme
both delighted about the same answer to the same question
begge gledet seg over det samme svaret på det samme spørsmålet
There was something about the two ferrymen which was transmitted to others
Det var noe med de to fergemennene som ble overført til andre
it was something which many of the travellers felt
det var noe mange av de reisende følte

travellers would occasionally look at the faces of the ferrymen
reisende ville av og til se på ansiktene til fergemennene
and then they told the story of their life
og så fortalte de historien om livet sitt
they confessed all sorts of evil things
de bekjente alle slags onde ting
and they asked for comfort and advice
og de ba om trøst og råd
occasionally someone asked for permission to stay for a night
noen ganger spurte noen om tillatelse til å bli en natt
they also wanted to listen to the river
de ville også høre på elven
It also happened that curious people came
Det hendte også at nysgjerrige kom
they had been told that there were two wise men
de hadde blitt fortalt at det var to vise menn
or they had been told there were two sorcerers
eller de hadde blitt fortalt at det var to trollmenn
The curious people asked many questions
De nysgjerrige stilte mange spørsmål
but they got no answers to their questions
men de fikk ingen svar på spørsmålene sine
they found neither sorcerers nor wise men
de fant verken trollmenn eller vise menn
they only found two friendly little old men, who seemed to be mute
de fant bare to vennlige små gamle menn, som så ut til å være stumme
they seemed to have become a bit strange in the forest by themselves
de så ut til å ha blitt litt rare i skogen av seg selv
And the curious people laughed about what they had heard
Og de nysgjerrige lo av det de hadde hørt

they said common people were foolishly spreading empty rumours
de sa at vanlige folk på en tåpelig måte spredte tomme rykter

The years passed by, and nobody counted them
Årene gikk, og ingen talte dem
Then, at one time, monks came by on a pilgrimage
Så, en gang, kom munker forbi på pilegrimsreise
they were followers of Gotama, the Buddha
de var tilhengere av Gotama, Buddha
they asked to be ferried across the river
de ba om å bli ferget over elva
they told them they were in a hurry to get back to their wise teacher
de fortalte dem at de hadde det travelt med å komme tilbake til sin kloke lærer
news had spread the exalted one was deadly sick
nyhetene hadde spredt den opphøyde var dødelig syk
he would soon die his last human death
han skulle snart dø sin siste menneskedød
in order to become one with the salvation
for å bli ett med frelsen
It was not long until a new flock of monks came
Det gikk ikke lenge før en ny munkeflokk kom
they were also on their pilgrimage
de var også på pilegrimsreise
most of the travellers spoke of nothing other than Gotama
de fleste av de reisende snakket om noe annet enn Gotama
his impending death was all they thought about
hans forestående død var alt de tenkte på
if there had been war, just as many would travel
hadde det vært krig, ville like mange reist
just as many would come to the coronation of a king
like mange ville komme til kroning av en konge
they gathered like ants in droves
de samlet seg som maur i hopetall

they flocked, like being drawn onwards by a magic spell
de strømmet til, som å bli trukket videre av en magisk trolldom
they went to where the great Buddha was awaiting his death
de dro dit hvor den store Buddha ventet på sin død
the perfected one of an era was to become one with the glory
den fullkomne av en epoke var å bli ett med herligheten
Often, Siddhartha thought in those days of the dying wise man
Ofte tenkte Siddhartha i disse dager på den døende vise mannen
the great teacher whose voice had admonished nations
den store læreren hvis røst hadde formanet nasjoner
the one who had awoken hundreds of thousands
den som hadde vekket hundretusener
a man whose voice he had also once heard
en mann hvis stemme han også en gang hadde hørt
a teacher whose holy face he had also once seen with respect
en lærer hvis hellige ansikt han også en gang hadde sett med respekt
Kindly, he thought of him
Vennlig, tenkte han på ham
he saw his path to perfection before his eyes
han så veien til fullkommenhet foran øynene hans
and he remembered with a smile those words he had said to him
og han husket med et smil de ordene han hadde sagt til ham
when he was a young man and spoke to the exalted one
da han var en ung mann og snakket til den opphøyde
They had been, so it seemed to him, proud and precious words
De hadde vært, slik det virket for ham, stolte og dyrebare ord
with a smile, he remembered the the words
med et smil husket han ordene
he knew that there was nothing standing between Gotama and him any more

han visste at det ikke lenger var noe mellom Gotama og ham
he had known this for a long time already
han hadde visst dette lenge allerede
though he was still unable to accept his teachings
selv om han fortsatt ikke var i stand til å akseptere læren hans
there was no teaching a truly searching person
det var ingen lære en virkelig søkende person
someone who truly wanted to find, could accept
noen som virkelig ønsket å finne, kunne akseptere
But he who had found the answer could approve of any teaching
Men den som hadde funnet svaret kunne godkjenne enhver undervisning
every path, every goal, they were all the same
hver vei, hvert mål, de var alle like
there was nothing standing between him and all the other thousands any more
det var ingenting som sto mellom ham og alle de andre tusen lenger
the thousands who lived in that what is eternal
de tusener som levde i det som er evig
the thousands who breathed what is divine
de tusener som pustet det guddommelige

On one of these days, Kamala also went to him
En av disse dagene dro Kamala også til ham
she used to be the most beautiful of the courtesans
hun pleide å være den vakreste av kurtisanene
A long time ago, she had retired from her previous life
For lenge siden hadde hun trukket seg tilbake fra sitt forrige liv
she had given her garden to the monks of Gotama as a gift
hun hadde gitt hagen sin til munkene i Gotama som gave
she had taken her refuge in the teachings
hun hadde tatt sin tilflukt i læren
she was among the friends and benefactors of the pilgrims

hun var blant pilegrimenes venner og velgjørere
she was together with Siddhartha, the boy
hun var sammen med Siddhartha, gutten
Siddhartha the boy was her son
Gutten Siddhartha var hennes sønn
she had gone on her way due to the news of the near death of Gotama
hun hadde gått sin vei på grunn av nyheten om Gotamas nær død
she was in simple clothes and on foot
hun var i enkle klær og til fots
and she was With her little son
og hun var sammen med sin lille sønn
she was travelling by the river
hun reiste ved elven
but the boy had soon grown tired
men gutten var snart blitt sliten
he desired to go back home
han ønsket å reise hjem igjen
he desired to rest and eat
han ønsket å hvile og spise
he became disobedient and started whining
han ble ulydig og begynte å sutre
Kamala often had to take a rest with him
Kamala måtte ofte ta en pause med ham
he was accustomed to getting what he wanted
han var vant til å få det han ville
she had to feed him and comfort him
hun måtte mate ham og trøste ham
she had to scold him for his behaviour
hun måtte skjelle ut ham for hans oppførsel
He did not comprehend why he had to go on this exhausting pilgrimage
Han skjønte ikke hvorfor han måtte gå på denne utmattende pilegrimsreisen
he did not know why he had to go to an unknown place

han visste ikke hvorfor han måtte gå til et ukjent sted
he did know why he had to see a holy dying stranger
han visste hvorfor han måtte se en hellig døende fremmed
"So what if he died?" he complained
"Så hva om han døde?" klaget han
why should this concern him?
hvorfor skulle dette bekymre ham?
The pilgrims were getting close to Vasudeva's ferry
Pilegrimene nærmet seg Vasudevas ferge
little Siddhartha once again forced his mother to rest
lille Siddhartha tvang nok en gang moren sin til å hvile
Kamala had also become tired
Kamala var også blitt sliten
while the boy was chewing a banana, she crouched down on the ground
mens gutten tygget en banan, huket hun seg ned på bakken
she closed her eyes a bit and rested
hun lukket øynene litt og hvilte
But suddenly, she uttered a wailing scream
Men plutselig utbrøt hun et jamrende skrik
the boy looked at her in fear
gutten så på henne i frykt
he saw her face had grown pale from horror
han så at ansiktet hennes var blitt blekt av redsel
and from under her dress, a small, black snake fled
og fra under kjolen hennes flyktet en liten, svart slange
a snake by which Kamala had been bitten
en slange som Kamala hadde blitt bitt av
Hurriedly, they both ran along the path, to reach people
I all hast løp de begge langs stien for å nå folk
they got near to the ferry and Kamala collapsed
de kom nærme seg fergen og Kamala kollapset
she was not able to go any further
hun var ikke i stand til å gå lenger
the boy started crying miserably
gutten begynte å gråte elendig

his cries were only interrupted when he kissed his mother
ropene hans ble bare avbrutt da han kysset moren
she also joined his loud screams for help
hun sluttet seg også til hans høye skrik om hjelp
she screamed until the sound reached Vasudeva's ears
skrek hun til lyden nådde Vasudevas ører
Vasudeva quickly came and took the woman on his arms
Vasudeva kom raskt og tok kvinnen på armene
he carried her into the boat and the boy ran along
han bar henne inn i båten og gutten løp med
soon they reached the hut, where Siddhartha stood by the stove
snart nådde de hytta, der Siddhartha sto ved ovnen
he was just lighting the fire
han fyrte bare opp
He looked up and first saw the boy's face
Han så opp og så først guttens ansikt
it wondrously reminded him of something
det minnet ham forunderlig om noe
like a warning to remember something he had forgotten
som en advarsel om å huske noe han hadde glemt
Then he saw Kamala, whom he instantly recognised
Så så han Kamala, som han umiddelbart kjente igjen
she lay unconscious in the ferryman's arms
hun lå bevisstløs i fergemannens armer
now he knew that it was his own son
nå visste han at det var hans egen sønn
his son whose face had been such a warning reminder to him
hans sønn hvis ansikt hadde vært en slik advarende påminnelse for ham
and the heart stirred in his chest
og hjertet rørte i brystet hans
Kamala's wound was washed, but had already turned black
Kamalas sår ble vasket, men hadde allerede blitt svart
and her body was swollen

og kroppen hennes var hoven
she was made to drink a healing potion
hun ble tvunget til å drikke en helbredende trylledrikk
Her consciousness returned and she lay on Siddhartha's bed
Bevisstheten hennes kom tilbake og hun lå på Siddharthas seng
Siddhartha stood over Kamala, who he used to love so much
Siddhartha sto over Kamala, som han pleide å elske så mye
It seemed like a dream to her
Det virket som en drøm for henne
with a smile, she looked at her friend's face
med et smil så hun på venninnens ansikt
slowly she realized her situation
sakte skjønte hun situasjonen
she remembered she had been bitten
hun husket at hun var blitt bitt
and she timidly called for her son
og hun ropte fryktsomt på sønnen sin
"He's with you, don't worry," said Siddhartha
"Han er med deg, ikke bekymre deg," sa Siddhartha
Kamala looked into his eyes
Kamala så inn i øynene hans
She spoke with a heavy tongue, paralysed by the poison
Hun snakket med tung tunge, lammet av giften
"You've become old, my dear," she said
"Du er blitt gammel, kjære deg," sa hun
"you've become gray," she added
"du har blitt grå," la hun til
"But you are like the young Samana, who came without clothes"
"Men du er som den unge Samana, som kom uten klær"
"you're like the Samana who came into my garden with dusty feet"
"du er som Samanaen som kom inn i hagen min med støvete føtter"

"You are much more like him than you were when you left me"
"Du er mye mer lik ham enn du var da du forlot meg"
"In the eyes, you're like him, Siddhartha"
"I øynene er du som ham, Siddhartha"
"Alas, I have also grown old"
"Akk, jeg har også blitt gammel"
"could you still recognise me?"
"kan du fortsatt kjenne meg igjen?"
Siddhartha smiled, "Instantly, I recognised you, Kamala, my dear"
Siddhartha smilte, "Øyeblikkelig, jeg kjente deg igjen, Kamala, min kjære"
Kamala pointed to her boy
Kamala pekte på gutten sin
"Did you recognise him as well?"
– Kjente du ham også igjen?
"He is your son," she confirmed
"Han er sønnen din," bekreftet hun
Her eyes became confused and fell shut
Øynene hennes ble forvirret og lukket seg
The boy wept and Siddhartha took him on his knees
Gutten gråt og Siddhartha tok ham på kne
he let him weep and petted his hair
han lot ham gråte og klappet håret hans
at the sight of the child's face, a Brahman prayer came to his mind
ved synet av barnets ansikt, kom en Brahman-bønn i tankene hans
a prayer which he had learned a long time ago
en bønn som han hadde lært for lenge siden
a time when he had been a little boy himself
en tid da han selv hadde vært en liten gutt
Slowly, with a singing voice, he started to speak
Sakte, med en sangstemme, begynte han å snakke
from his past and childhood, the words came flowing to him

fra hans fortid og barndom kom ordene strømmende til ham
And with that song, the boy became calm
Og med den sangen ble gutten rolig
he was only now and then uttering a sob
han var bare nå og da ut av et hulk
and finally he fell asleep
og til slutt sovnet han
Siddhartha placed him on Vasudeva's bed
Siddhartha plasserte ham på Vasudevas seng
Vasudeva stood by the stove and cooked rice
Vasudeva sto ved komfyren og kokte ris
Siddhartha gave him a look, which he returned with a smile
Siddhartha ga ham et blikk, som han returnerte med et smil
"She'll die," Siddhartha said quietly
"Hun vil dø," sa Siddhartha stille
Vasudeva knew it was true, and nodded
Vasudeva visste at det var sant, og nikket
over his friendly face ran the light of the stove's fire
over hans vennlige ansikt rant lyset fra ovnens ild
once again, Kamala returned to consciousness
nok en gang kom Kamala tilbake til bevissthet
the pain of the poison distorted her face
smerten av giften forvrengte ansiktet hennes
Siddhartha's eyes read the suffering on her mouth
Siddharthas øyne leste lidelsen på munnen hennes
from her pale cheeks he could see that she was suffering
fra de bleke kinnene hennes kunne han se at hun led
Quietly, he read the pain in her eyes
Stille leste han smerten i øynene hennes
attentively, waiting, his mind become one with her suffering
oppmerksomt, venter, hans sinn bli ett med hennes lidelse
Kamala felt it and her gaze sought his eyes
Kamala kjente det og blikket hennes søkte øynene hans
Looking at him, she spoke
Hun så på ham og snakket
"Now I see that your eyes have changed as well"

"Nå ser jeg at øynene dine har endret seg også"
"They've become completely different"
"De har blitt helt forskjellige"
"what do I still recognise in you that is Siddhartha?
"hva kjenner jeg fortsatt igjen i deg som er Siddhartha?
"It's you, and it's not you"
"Det er deg, og det er ikke deg"
Siddhartha said nothing, quietly his eyes looked at hers
Siddhartha sa ingenting, stille øynene hans så på hennes
"You have achieved it?" she asked
"Har du oppnådd det?" spurte hun
"You have found peace?"
"Har du funnet fred?"
He smiled and placed his hand on hers
Han smilte og la hånden på hennes
"I'm seeing it" she said
"Jeg ser det," sa hun
"I too will find peace"
"Jeg vil også finne fred"
"You have found it," Siddhartha spoke in a whisper
"Du har funnet det," sa Siddhartha hviskende
Kamala never stopped looking into his eyes
Kamala sluttet aldri å se inn i øynene hans
She thought about her pilgrimage to Gotama
Hun tenkte på pilegrimsreisen til Gotama
the pilgrimage which she wanted to take
pilegrimsreisen hun ville ta
in order to see the face of the perfected one
for å se ansiktet til den perfeksjonerte
in order to breathe his peace
for å puste fred
but she had now found it in another place
men hun hadde nå funnet den et annet sted
and this she thought that was good too
og dette syntes hun også var bra
it was just as good as if she had seen the other one

det var like godt som om hun hadde sett den andre
She wanted to tell this to him
Hun ville fortelle ham dette
but her tongue no longer obeyed her will
men tungen hennes adlød ikke lenger hennes vilje
Without speaking, she looked at him
Uten å snakke så hun på ham
he saw the life fading from her eyes
han så livet forsvinne fra øynene hennes
the final pain filled her eyes and made them grow dim
den siste smerten fylte øynene hennes og gjorde dem dunkle
the final shiver ran through her limbs
den siste skjelvingen rant gjennom lemmene hennes
his finger closed her eyelids
fingeren hans lukket øyelokkene hennes

For a long time, he sat and looked at her peacefully dead face
I lang tid satt han og så på hennes fredelige døde ansikt
For a long time, he observed her mouth
I lang tid observerte han munnen hennes
her old, tired mouth, with those lips, which had become thin
den gamle, slitne munnen hennes, med de leppene som var blitt tynne
he remembered he used to compare this mouth with a freshly cracked fig
han husket at han pleide å sammenligne denne munnen med en nysprukket fiken
this was in the spring of his years
dette var på våren hans år
For a long time, he sat and read the pale face
Lenge satt han og leste det bleke ansiktet
he read the tired wrinkles
han leste de slitne rynkene
he filled himself with this sight
han fylte seg med dette synet

he saw his own face in the same manner
han så sitt eget ansikt på samme måte
he saw his face was just as white
han så ansiktet hans var like hvitt
he saw his face was just as quenched out
han så at ansiktet hans var like utslukket
at the same time he saw his face and hers being young
samtidig så han ansiktet hans og hennes være ungt
their faces with red lips and fiery eyes
ansiktene deres med røde lepper og brennende øyne
the feeling of both being real at the same time
følelsen av at begge er ekte på samme tid
the feeling of eternity completely filled every aspect of his being
følelsen av evighet fylte fullstendig alle aspekter av hans vesen
in this hour he felt more deeply than than he had ever felt before
i denne timen følte han dypere enn han noen gang hadde følt før
he felt the indestructibility of every life
han kjente ethvert livs uforgjengelighet
he felt the eternity of every moment
han kjente evigheten i hvert øyeblikk
When he rose, Vasudeva had prepared rice for him
Da han reiste seg, hadde Vasudeva forberedt ris til ham
But Siddhartha did not eat that night
Men Siddhartha spiste ikke den kvelden
In the stable their goat stood
I stallen sto bukken deres
the two old men prepared beds of straw for themselves
de to gamle mennene gjorde i stand senger av halm til seg selv
Vasudeva laid himself down to sleep
Vasudeva la seg til å sove
But Siddhartha went outside and sat before the hut
Men Siddhartha gikk ut og satte seg foran hytta

he listened to the river, surrounded by the past
han lyttet til elven, omgitt av fortiden
he was touched and encircled by all times of his life at the same time
han ble berørt og omringet av alle tider av livet på samme tid
occasionally he rose and he stepped to the door of the hut
av og til reiste han seg og gikk til døren til hytta
he listened whether the boy was sleeping
han lyttet om gutten sov

before the sun could be seen, Vasudeva came out of the stable
før solen kunne sees, kom Vasudeva ut av stallen
he walked over to his friend
han gikk bort til vennen sin
"You haven't slept," he said
"Du har ikke sovet," sa han
"No, Vasudeva. I sat here"
"Nei, Vasudeva. Jeg satt her."
"I was listening to the river"
"Jeg hørte på elven"
"the river has told me a lot"
"elven har fortalt meg mye"
"it has deeply filled me with the healing thought of oneness"
"det har dypt fylt meg med den helbredende tanken om enhet"
"You've experienced suffering, Siddhartha"
"Du har opplevd lidelse, Siddhartha"
"but I see no sadness has entered your heart"
"men jeg ser at ingen tristhet har kommet inn i ditt hjerte"
"No, my dear, how should I be sad?"
"Nei, min kjære, hvordan skal jeg være trist?"
"I, who have been rich and happy"
"Jeg, som har vært rik og lykkelig"
"I have become even richer and happier now"
"Jeg har blitt enda rikere og lykkeligere nå"
"My son has been given to me"

"Min sønn har blitt gitt til meg"
"Your son shall be welcome to me as well"
"Din sønn skal være velkommen til meg også"
"But now, Siddhartha, let's get to work"
"Men nå, Siddhartha, la oss gå på jobb"
"there is much to be done"
"det er mye å gjøre"
"Kamala has died on the same bed on which my wife had died"
"Kamala har dødd på samme seng som min kone døde på"
"Let us build Kamala's funeral pile on the hill"
"La oss bygge Kamalas begravelseshaug på bakken"
"the hill on which I my wife's funeral pile is"
"bakken som jeg min kones begravelseshaug er på"
While the boy was still asleep, they built the funeral pile
Mens gutten fortsatt sov, bygde de gravhaugen

The Son
Sønnen

Timid and weeping, the boy had attended his mother's funeral
Sjenert og gråtende hadde gutten deltatt i morens begravelse
gloomy and shy, he had listened to Siddhartha
dyster og sjenert hadde han lyttet til Siddhartha
Siddhartha greeted him as his son
Siddhartha hilste ham som sin sønn
he welcomed him at his place in Vasudeva's hut
han ønsket ham velkommen på sin plass i Vasudevas hytte
Pale, he sat for many days by the hill of the dead
Blek satt han i mange dager ved de dødes høyde
he did not want to eat
han ville ikke spise
he did not look at anyone
han så ikke på noen
he did not open his heart
han åpnet ikke hjertet
he met his fate with resistance and denial
han møtte sin skjebne med motstand og fornektelse
Siddhartha spared giving him lessons
Siddhartha sparte på å gi ham leksjoner
and he let him do as he pleased
og han lot ham gjøre som han ville
Siddhartha honoured his son's mourning
Siddhartha hedret sønnens sorg
he understood that his son did not know him
han forsto at sønnen ikke kjente ham
he understood that he could not love him like a father
han forsto at han ikke kunne elske ham som en far
Slowly, he also understood that the eleven-year-old was a pampered boy
Sakte forsto han også at elleveåringen var en bortskjemt gutt
he saw that he was a mother's boy

han så at han var en morsgutt
he saw that he had grown up in the habits of rich people
han så at han hadde vokst opp i rike menneskers vaner
he was accustomed to finer food and a soft bed
han var vant til finere mat og en myk seng
he was accustomed to giving orders to servants
han var vant til å gi ordre til tjenere
the mourning child could not suddenly be content with a life among strangers
det sørgende barnet kunne ikke plutselig nøye seg med et liv blant fremmede
Siddhartha understood the pampered child would not willingly be in poverty
Siddhartha forsto at det bortskjemte barnet ikke villig ville være i fattigdom
He did not force him to do these these things
Han tvang ham ikke til å gjøre disse tingene
Siddhartha did many chores for the boy
Siddhartha gjorde mange oppgaver for gutten
he always saved the best piece of the meal for him
han sparte alltid den beste biten av måltidet til ham
Slowly, he hoped to win him over, by friendly patience
Sakte håpet han å vinne ham, ved vennlig tålmodighet
Rich and happy, he had called himself, when the boy had come to him
Rik og glad, hadde han kalt seg, da gutten var kommet til ham
Since then some time had passed
Siden har det gått litt tid
but the boy remained a stranger and in a gloomy disposition
men gutten forble en fremmed og i et dystert sinn
he displayed a proud and stubbornly disobedient heart
han viste et stolt og hardnakket ulydig hjerte
he did not want to do any work
han ville ikke gjøre noe arbeid
he did not pay his respect to the old men
han viste ikke respekt for de gamle

he stole from Vasudeva's fruit-trees
han stjal fra Vasudevas frukttrær
his son had not brought him happiness and peace
hans sønn hadde ikke gitt ham lykke og fred
the boy had brought him suffering and worry
gutten hadde brakt ham lidelse og bekymring
slowly Siddhartha began to understand this
sakte begynte Siddhartha å forstå dette
But he loved him regardless of the suffering he brought him
Men han elsket ham uansett lidelsen han brakte ham
he preferred the suffering and worries of love over happiness and joy without the boy
han foretrakk kjærlighetens lidelser og bekymringer fremfor lykke og glede uten gutten
from when young Siddhartha was in the hut the old men had split the work
fra da unge Siddhartha var i hytta hadde de gamle mennene splittet arbeidet
Vasudeva had again taken on the job of the ferryman
Vasudeva hadde igjen tatt på seg jobben som fergemannen
and Siddhartha, in order to be with his son, did the work in the hut and the field
og Siddhartha, for å være sammen med sin sønn, gjorde arbeidet i hytta og åkeren

for long months Siddhartha waited for his son to understand him
i lange måneder ventet Siddhartha på at sønnen hans skulle forstå ham
he waited for him to accept his love
han ventet på at han skulle akseptere kjærligheten hans
and he waited for his son to perhaps reciprocate his love
og han ventet på at sønnen hans kanskje skulle gjengjelde kjærligheten hans
For long months Vasudeva waited, watching
I lange måneder ventet Vasudeva og så på

he waited and said nothing
han ventet og sa ingenting
One day, young Siddhartha tormented his father very much
En dag plaget unge Siddhartha faren sin veldig mye
he had broken both of his rice-bowls
han hadde knust begge risbollene sine
Vasudeva took his friend aside and talked to him
Vasudeva tok vennen sin til side og snakket med ham
"Pardon me," he said to Siddhartha
"Unnskyld meg," sa han til Siddhartha
"from a friendly heart, I'm talking to you"
"fra et vennlig hjerte, jeg snakker til deg"
"I'm seeing that you are tormenting yourself"
"Jeg ser at du plager deg selv"
"I'm seeing that you're in grief"
"Jeg ser at du er i sorg"
"Your son, my dear, is worrying you"
"Din sønn, min kjære, bekymrer deg"
"and he is also worrying me"
"og han bekymrer meg også"
"That young bird is accustomed to a different life"
"Den unge fuglen er vant til et annet liv"
"he is used to living in a different nest"
"han er vant til å bo i et annet reir"
"he has not, like you, run away from riches and the city"
"han har ikke, som deg, rømt fra rikdommen og byen"
"he was not disgusted and fed up with the life in Sansara"
"han var ikke kvalm og lei av livet i Sansara"
"he had to do all these things against his will"
"han måtte gjøre alle disse tingene mot sin vilje"
"he had to leave all this behind"
"han måtte legge igjen alt dette"
"I asked the river, oh friend"
"Jeg spurte elven, å venn"
"many times I have asked the river"
"mange ganger har jeg spurt elven"

"But the river laughs at all of this"
"Men elven ler av alt dette"
"it laughs at me and it laughs at you"
"det ler av meg og det ler av deg"
"the river is shaking with laughter at our foolishness"
"elven skjelver av latter over vår dårskap"
"Water wants to join water as youth wants to join youth"
"Vann vil bli med vann som ungdom vil bli med ungdom"
"your son is not in the place where he can prosper"
"sønnen din er ikke på stedet hvor han kan trives"
"you too should ask the river"
"du også bør spørre elven"
"you too should listen to it!"
"du også burde høre på det!"
Troubled, Siddhartha looked into his friendly face
Opprørt så Siddhartha inn i det vennlige ansiktet hans
he looked at the many wrinkles in which there was incessant cheerfulness
han så på de mange rynkene der det var ustanselig munterhet
"How could I part with him?" he said quietly, ashamed
"Hvordan kunne jeg skille meg med ham?" sa han stille, skamfull
"Give me some more time, my dear"
"Gi meg litt mer tid, min kjære"
"See, I'm fighting for him"
"Se, jeg kjemper for ham"
"I'm seeking to win his heart"
"Jeg søker å vinne hjertet hans"
"with love and with friendly patience I intend to capture it"
"med kjærlighet og med vennlig tålmodighet har jeg tenkt å fange det"
"One day, the river shall also talk to him"
"En dag skal også elven snakke med ham"
"he also is called upon"
"han er også kalt på"
Vasudeva's smile flourished more warmly

Vasudevas smil blomstret varmere
"Oh yes, he too is called upon"
"Å ja, han blir også oppfordret"
"he too is of the eternal life"
"Også han er av det evige liv"
"But do we, you and me, know what he is called upon to do?"
"Men vet vi, du og jeg, hva han er bedt om å gjøre?"
"we know what path to take and what actions to perform"
"vi vet hvilken vei vi skal ta og hvilke handlinger vi skal utføre"
"we know what pain we have to endure"
"vi vet hvilken smerte vi må tåle"
"but does he know these things?"
"men vet han disse tingene?"
"Not a small one, his pain will be"
"Ikke en liten en, smerten hans vil være"
"after all, his heart is proud and hard"
"hjertet hans er tross alt stolt og hardt"
"people like this have to suffer and err a lot"
"Slike mennesker må lide og feile mye"
"they have to do much injustice"
"de må gjøre mye urettferdighet"
"and they have burden themselves with much sin"
"og de har belastet seg selv med mye synd"
"Tell me, my dear," he asked of Siddhartha
"Fortell meg, min kjære," spurte han om Siddhartha
"you're not taking control of your son's upbringing?"
"tar du ikke kontroll over sønnens oppvekst?"
"You don't force him, beat him, or punish him?"
"Du tvinger ham ikke, slår ham eller straffer ham?"
"No, Vasudeva, I don't do any of these things"
"Nei, Vasudeva, jeg gjør ingen av disse tingene"
"I knew it. You don't force him"
"Jeg visste det. Du tvinger ham ikke"
"you don't beat him and you don't give him orders"

"du slår ham ikke og du gir ham ikke ordre"
"because you know softness is stronger than hard"
"fordi du vet at mykhet er sterkere enn hardt"
"you know water is stronger than rocks"
"du vet at vann er sterkere enn steiner"
"and you know love is stronger than force"
"og du vet at kjærlighet er sterkere enn kraft"
"Very good, I praise you for this"
"Veldig bra, jeg berømmer deg for dette"
"But aren't you mistaken in some way?"
"Men tar du ikke feil på en måte?"
"don't you think that you are forcing him?"
"tror du ikke at du tvinger ham?"
"don't you perhaps punish him a different way?"
"straffer du ham ikke kanskje på en annen måte?"
"Don't you shackle him with your love?"
"Lenker du ham ikke med kjærligheten din?"
"Don't you make him feel inferior every day?"
"Får du ham ikke til å føle seg mindreverdig hver dag?"
"doesn't your kindness and patience make it even harder for him?"
"gjør ikke din vennlighet og tålmodighet det enda vanskeligere for ham?"
"aren't you forcing him to live in a hut with two old banana-eaters?"
"tvinger du ham ikke til å bo i en hytte med to gamle bananetere?"
"old men to whom even rice is a delicacy"
"gamle menn som til og med ris er en delikatesse"
"old men whose thoughts can't be his"
"gamle menn hvis tanker ikke kan være hans"
"old men whose hearts are old and quiet"
"gamle menn hvis hjerter er gamle og stille"
"old men whose hearts beat in a different pace than his"
"gamle menn hvis hjerter banker i et annet tempo enn hans"
"Isn't he forced and punished by all this?""

"Blir han ikke tvunget og straffet av alt dette?"
Troubled, Siddhartha looked to the ground
Opprørt så Siddhartha til bakken
Quietly, he asked, "What do you think should I do?"
Stille spurte han: "Hva synes du skal jeg gjøre?"
Vasudeva spoke, "Bring him into the city"
Vasudeva snakket, "Bring ham inn i byen"
"bring him into his mother's house"
"bring ham inn i morens hus"
"there'll still be servants around, give him to them"
"det vil fortsatt være tjenere rundt, gi ham til dem"
"And if there aren't any servants, bring him to a teacher"
"Og hvis det ikke er noen tjenere, ta ham med til en lærer"
"but don't bring him to a teacher for teachings' sake"
"men ikke ta ham med til en lærer for lærens skyld"
"bring him to a teacher so that he is among other children"
"bring ham til en lærer slik at han er blant andre barn"
"and bring him to the world which is his own"
"og bringe ham til verden som er hans egen"
"have you never thought of this?"
"har du aldri tenkt på dette?"
"you're seeing into my heart," Siddhartha spoke sadly
"du ser inn i hjertet mitt," sa Siddhartha trist
"Often, I have thought of this"
"Ofte har jeg tenkt på dette"
"but how can I put him into this world?"
"men hvordan kan jeg sette ham inn i denne verden?"
"Won't he become exuberant?"
"Blir han ikke sprudlende?"
"won't he lose himself to pleasure and power?"
"vil han ikke miste seg til nytelse og makt?"
"won't he repeat all of his father's mistakes?"
"vil han ikke gjenta alle farens feil?"
"won't he perhaps get entirely lost in Sansara?"
"vil han ikke kanskje gå helt vill i Sansara?"
Brightly, the ferryman's smile lit up

Klart lyste fergemannens smil opp
softly, he touched Siddhartha's arm
sakte berørte han Siddharthas arm
"Ask the river about it, my friend!"
"Spør elven om det, min venn!"
"Hear the river laugh about it!"
"Hør elven le av det!"
"Would you actually believe that you had committed your foolish acts?
"Ville du virkelig tro at du hadde begått dine tåpelige handlinger?
"in order to spare your son from committing them too"
"for å spare sønnen din fra å begå dem også"
"And could you in any way protect your son from Sansara?"
"Og kunne du på noen måte beskytte sønnen din mot Sansara?"
"How could you protect him from Sansara?"
"Hvordan kunne du beskytte ham mot Sansara?"
"By means of teachings, prayer, admonition?"
"Ved hjelp av lære, bønn, formaning?"
"My dear, have you entirely forgotten that story?"
"Min kjære, har du helt glemt den historien?"
"the story containing so many lessons"
"historien som inneholder så mange leksjoner"
"the story about Siddhartha, a Brahman's son"
"historien om Siddhartha, en Brahmans sønn"
"the story which you once told me here on this very spot?"
"historien som du en gang fortalte meg her på akkurat dette stedet?"
"Who has kept the Samana Siddhartha safe from Sansara?"
"Hvem har holdt Samana Siddhartha trygt fra Sansara?"
"who has kept him from sin, greed, and foolishness?"
"hvem har holdt ham fra synd, grådighet og dårskap?"
"Were his father's religious devotion able to keep him safe?
"Var farens religiøse hengivenhet i stand til å holde ham trygg?

"were his teacher's warnings able to keep him safe?"
"var lærerens advarsler i stand til å holde ham trygg?"
"could his own knowledge keep him safe?"
"kunne hans egen kunnskap holde ham trygg?"
"was his own search able to keep him safe?"
"var hans eget søk i stand til å holde ham trygg?"
"What father has been able to protect his son?"
"Hvilken far har vært i stand til å beskytte sønnen sin?"
"what father could keep his son from living his life for himself?"
"hvilken far kunne hindre sønnen fra å leve livet sitt for seg selv?"
"what teacher has been able to protect his student?"
"hvilken lærer har vært i stand til å beskytte eleven sin?"
"what teacher can stop his student from soiling himself with life?"
"hvilken lærer kan stoppe eleven sin fra å tilsmusse seg med liv?"
"who could stop him from burdening himself with guilt?"
"hvem kunne hindre ham fra å belaste seg selv med skyldfølelse?"
"who could stop him from drinking the bitter drink for himself?"
"hvem kunne hindre ham fra å drikke den bitre drikken for seg selv?"
"who could stop him from finding his path for himself?"
"hvem kunne stoppe ham fra å finne veien for seg selv?"
"did you think anybody could be spared from taking this path?"
"trodde du noen kunne bli spart fra å ta denne veien?"
"did you think that perhaps your little son would be spared?"
"trodde du at kanskje din lille sønn ville bli spart?"
"did you think your love could do all that?"
"trodde du din kjærlighet kunne gjøre alt det?"
"did you think your love could keep him from suffering"

"trodde du din kjærlighet kunne holde ham fra å lide"
"**did you think your love could protect him from pain and disappointment?**
"trodde du din kjærlighet kunne beskytte ham mot smerte og skuffelse?
"you could die ten times for him"
"du kan dø ti ganger for ham"
"but you could take no part of his destiny upon yourself"
"men du kunne ikke ta noen del av hans skjebne på deg selv"
Never before, Vasudeva had spoken so many words
Aldri før hadde Vasudeva sagt så mange ord
Kindly, Siddhartha thanked him
Vennlig takket Siddhartha ham
he went troubled into the hut
han gikk urolig inn i hytta

he could not sleep for a long time
han fikk ikke sove på lenge
Vasudeva had told him nothing he had not already thought and known
Vasudeva hadde ikke fortalt ham noe han ikke allerede hadde tenkt og kjent
But this was a knowledge he could not act upon
Men dette var en kunnskap han ikke kunne handle på
stronger than knowledge was his love for the boy
sterkere enn kunnskap var hans kjærlighet til gutten
stronger than knowledge was his tenderness
sterkere enn kunnskap var hans ømhet
stronger than knowledge was his fear to lose him
sterkere enn kunnskap var hans frykt for å miste ham
had he ever lost his heart so much to something?
hadde han noen gang mistet hjertet så mye til noe?
had he ever loved any person so blindly?
hadde han noen gang elsket noen så blindt?
had he ever suffered for someone so unsuccessfully?
hadde han noen gang lidd for noen så mislykket?

had he ever made such sacrifices for anyone and yet been so unhappy?
hadde han noen gang gjort slike ofre for noen og likevel vært så ulykkelig?
Siddhartha could not heed his friend's advice
Siddhartha kunne ikke lytte til vennens råd
he could not give up the boy
han kunne ikke gi fra seg gutten
He let the boy give him orders
Han lot gutten gi ham ordre
he let him disregard him
han lot ham se bort fra ham
He said nothing and waited
Han sa ingenting og ventet
daily, he attempted the struggle of friendliness
daglig forsøkte han kampen for vennlighet
he initiated the silent war of patience
han innledet den tause tålmodighetens krig
Vasudeva also said nothing and waited
Vasudeva sa heller ingenting og ventet
They were both masters of patience
De var begge mestere i tålmodighet

one time the boy's face reminded him very much of Kamala
en gang minnet guttens ansikt ham veldig mye om Kamala
Siddhartha suddenly had to think of something Kamala had once said
Siddhartha måtte plutselig tenke på noe Kamala en gang hadde sagt
"You cannot love" she had said to him
"Du kan ikke elske" hadde hun sagt til ham
and he had agreed with her
og han var enig med henne
and he had compared himself with a star
og han hadde sammenlignet seg med en stjerne

and he had compared the childlike people with falling leaves
og han hadde sammenlignet de barnlige menneskene med fallende løv
but nevertheless, he had also sensed an accusation in that line
men ikke desto mindre hadde han også anet en anklage i den linjen
Indeed, he had never been able to love
Han hadde faktisk aldri vært i stand til å elske
he had never been able to devote himself completely to another person
han hadde aldri vært i stand til å vie seg helt til en annen person
he had never been able to to forget himself
han hadde aldri klart å glemme seg selv
he had never been able to commit foolish acts for the love of another person
han hadde aldri vært i stand til å begå tåpelige handlinger for kjærlighet til en annen person
at that time it seemed to set him apart from the childlike people
på den tiden syntes det å skille ham fra de barnlige menneskene
But ever since his son was here, Siddhartha also become a childlike person
Men helt siden sønnen hans var her, har Siddhartha også blitt en barnlig person
he was suffering for the sake of another person
han led for en annen persons skyld
he was loving another person
han elsket en annen person
he was lost to a love for someone else
han var tapt på grunn av kjærlighet til noen andre
he had become a fool on account of love
han var blitt en dåre på grunn av kjærligheten

Now he too felt the strongest and strangest of all passions
Nå følte han også den sterkeste og merkeligste av alle lidenskaper
he suffered from this passion miserably
han led av denne lidenskapen elendig
and he was nevertheless in bliss
og han var likevel i lykke
he was nevertheless renewed in one respect
han ble likevel fornyet på ett punkt
he was enriched by this one thing
han ble beriket av denne ene tingen
He sensed very well that this blind love for his son was a passion
Han ante godt at denne blinde kjærligheten til sønnen var en lidenskap
he knew that it was something very human
han visste at det var noe veldig menneskelig
he knew that it was Sansara
han visste at det var Sansara
he knew that it was a murky source, dark waters
han visste at det var en grumsete kilde, mørkt vann
but he felt it was not worthless, but necessary
men han følte det ikke var verdiløst, men nødvendig
it came from the essence of his own being
det kom fra essensen av hans eget vesen
This pleasure also had to be atoned for
Denne gleden måtte også sones for
this pain also had to be endured
denne smerten måtte også tåles
these foolish acts also had to be committed
disse tåpelige handlingene måtte også begås
Through all this, the son let him commit his foolish acts
Gjennom alt dette lot sønnen ham begå sine tåpelige handlinger
he let him court for his affection
han lot ham dømme for sin hengivenhet

he let him humiliate himself every day
han lot ham ydmyke seg hver dag
he gave in to the moods of his son
han ga etter for stemningen til sønnen
his father had nothing which could have delighted him
faren hans hadde ingenting som kunne ha gledet ham
and he nothing that the boy feared
og han ikke noe som gutten fryktet
He was a good man, this father
Han var en god mann, denne faren
he was a good, kind, soft man
han var en god, snill, myk mann
perhaps he was a very devout man
kanskje han var en veldig troende mann
perhaps he was a saint, the boy thought
kanskje han var en helgen, tenkte gutten
but all these attributes could not win the boy over
men alle disse egenskapene kunne ikke vinne gutten over
He was bored by this father, who kept him imprisoned
Han kjedet seg av denne faren, som holdt ham fengslet
a prisoner in this miserable hut of his
en fange i denne elendige hytta hans
he was bored of him answering every naughtiness with a smile
han var lei av at han svarte på hver slemhet med et smil
he didn't appreciate insults being responded to by friendliness
han satte ikke pris på at fornærmelser ble besvart med vennlighet
he didn't like viciousness returned in kindness
han likte ikke at ondskap kom tilbake i vennlighet
this very thing was the hated trick of this old sneak
akkurat dette var det forhatte trikset til denne gamle sniken
Much more the boy would have liked it if he had been threatened by him
Mye mer ville gutten ha likt om han hadde blitt truet av ham

he wanted to be abused by him
han ønsket å bli misbrukt av ham

A day came when young Siddhartha had had enough
En dag kom da unge Siddhartha hadde fått nok
what was on his mind came bursting forth
det som var i tankene hans kom ut
and he openly turned against his father
og han vendte seg åpenlyst mot sin far
Siddhartha had given him a task
Siddhartha hadde gitt ham en oppgave
he had told him to gather brushwood
han hadde bedt ham samle børstemark
But the boy did not leave the hut
Men gutten forlot ikke hytta
in stubborn disobedience and rage, he stayed where he was
i hardnakket ulydighet og raseri ble han der han var
he thumped on the ground with his feet
han dunket i bakken med føttene
he clenched his fists and screamed in a powerful outburst
han knyttet nevene og skrek i et kraftig utbrudd
he screamed his hatred and contempt into his father's face
han skrek sitt hat og forakt inn i farens ansikt
"Get the brushwood for yourself!" he shouted, foaming at the mouth
"Få børstemarken for deg selv!" ropte han med skum fra munnen
"I'm not your servant"
"Jeg er ikke din tjener"
"I know that you won't hit me, you wouldn't dare"
"Jeg vet at du ikke vil slå meg, du ville ikke våget"
"I know that you constantly want to punish me"
"Jeg vet at du hele tiden vil straffe meg"
"you want to put me down with your religious devotion and your indulgence"

"du vil slå meg ned med din religiøse hengivenhet og din overbærenhet"
"You want me to become like you"
"Du vil at jeg skal bli som deg"
"you want me to be just as devout, soft, and wise as you"
"du vil at jeg skal være like hengiven, myk og klok som deg"
"but I won't do it, just to make you suffer"
"men jeg vil ikke gjøre det, bare for å få deg til å lide"
"I would rather become a highway-robber than be as soft as you"
"Jeg vil heller bli en landeveisrøver enn å være like myk som deg"
"I would rather be a murderer than be as wise as you"
"Jeg vil heller være en morder enn å være like klok som deg"
"I would rather go to hell, than to become like you!"
"Jeg vil heller gå til helvete, enn å bli som deg!"
"I hate you, you're not my father
«Jeg hater deg, du er ikke faren min
"even if you've slept with my mother ten times, you are not my father!"
"selv om du har ligget med moren min ti ganger, er du ikke faren min!"
Rage and grief boiled over in him
Raseri og sorg kokte over i ham
he foamed at his father in a hundred savage and evil words
han skummet på faren sin med hundre vilde og onde ord
Then the boy ran away into the forest
Så løp gutten inn i skogen
it was late at night when the boy returned
det var sent på kvelden da gutten kom tilbake
But the next morning, he had disappeared
Men neste morgen var han forsvunnet
What had also disappeared was a small basket
Det som også hadde forsvunnet var en liten kurv
the basket in which the ferrymen kept those copper and silver coins

kurven der fergemennene oppbevarte disse kobber- og sølvmyntene
the coins which they received as a fare
myntene som de mottok som billett
The boat had also disappeared
Båten var også forsvunnet
Siddhartha saw the boat lying by the opposite bank
Siddhartha så båten ligge ved motsatt bredd
Siddhartha had been shivering with grief
Siddhartha hadde skjelvet av sorg
the ranting speeches the boy had made touched him
de rasende talene gutten hadde holdt rørte ham
"I must follow him," said Siddhartha
"Jeg må følge ham," sa Siddhartha
"A child can't go through the forest all alone, he'll perish"
"Et barn kan ikke gå gjennom skogen helt alene, han går til grunne"
"We must build a raft, Vasudeva, to get over the water"
"Vi må bygge en flåte, Vasudeva, for å komme over vannet"
"We will build a raft" said Vasudeva
"Vi skal bygge en flåte" sa Vasudeva
"we will build it to get our boat back"
"vi skal bygge den for å få båten vår tilbake"
"But you shall not run after your child, my friend"
"Men du skal ikke løpe etter barnet ditt, min venn"
"he is no child anymore"
"han er ikke noe barn lenger"
"he knows how to get around"
"han vet hvordan han skal komme seg rundt"
"He's looking for the path to the city"
"Han leter etter veien til byen"
"and he is right, don't forget that"
"og han har rett, ikke glem det"
"he's doing what you've failed to do yourself"
"han gjør det du ikke har klart å gjøre selv"
"he's taking care of himself"

"han tar vare på seg selv"
"he's taking his course for himself"
"han tar kurset for seg selv"
"Alas, Siddhartha, I see you suffering"
"Akk, Siddhartha, jeg ser deg lide"
"but you're suffering a pain at which one would like to laugh"
"men du lider av en smerte som man gjerne vil le av"
"you're suffering a pain at which you'll soon laugh yourself"
"du lider av en smerte som du snart vil le selv av"
Siddhartha did not answer his friend
Siddhartha svarte ikke vennen sin
He already held the axe in his hands
Han holdt allerede øksen i hendene
and he began to make a raft of bamboo
og han begynte å lage en flåte av bambus
Vasudeva helped him to tie the canes together with ropes of grass
Vasudeva hjalp ham med å binde stokkene sammen med gresstau
When they crossed the river they drifted far off their course
Da de krysset elven, drev de langt av banen
they pulled the raft upriver on the opposite bank
de dro flåten oppover elven på motsatt bredd
"Why did you take the axe along?" asked Siddhartha
"Hvorfor tok du med deg øksa?" spurte Siddhartha
"It might have been possible that the oar of our boat got lost"
"Det kan ha vært mulig at åren på båten vår ble borte"
But Siddhartha knew what his friend was thinking
Men Siddhartha visste hva vennen hans tenkte
He thought, the boy would have thrown away the oar
Han tenkte, gutten ville ha kastet åra
in order to get some kind of revenge
for å få en slags hevn
and in order to keep them from following him
og for å hindre dem fra å følge ham

And in fact, there was no oar left in the boat
Og faktisk var det ingen åre igjen i båten
Vasudeva pointed to the bottom of the boat
Vasudeva pekte på bunnen av båten
and he looked at his friend with a smile
og han så på vennen sin med et smil
he smiled as if he wanted to say something
han smilte som om han ville si noe
"Don't you see what your son is trying to tell you?"
"Ser du ikke hva sønnen din prøver å fortelle deg?"
"Don't you see that he doesn't want to be followed?"
"Ser du ikke at han ikke vil bli fulgt?"
But he did not say this in words
Men han sa ikke dette med ord
He started making a new oar
Han begynte å lage en ny åre
But Siddhartha bid his farewell, to look for the run-away
Men Siddhartha tok farvel for å lete etter rømmen
Vasudeva did not stop him from looking for his child
Vasudeva stoppet ham ikke fra å lete etter barnet sitt

Siddhartha had been walking through the forest for a long time
Siddhartha hadde gått gjennom skogen i lang tid
the thought occurred to him that his search was useless
tanken gikk opp for ham at letingen hans var nytteløs
Either the boy was far ahead and had already reached the city
Enten var gutten langt fremme og hadde allerede nådd byen
or he would conceal himself from him
eller han ville gjemme seg for ham
he continued thinking about his son
han fortsatte å tenke på sønnen sin
he found that he was not worried for his son
han fant ut at han ikke var bekymret for sønnen
he knew deep inside that he had not perished

han visste innerst inne at han ikke var omkommet
nor was he in any danger in the forest
han var heller ikke i noen fare i skogen
Nevertheless, he ran without stopping
Likevel løp han uten å stoppe
he was not running to save him
han løp ikke for å redde ham
he was running to satisfy his desire
han løp for å tilfredsstille ønsket
he wanted to perhaps see him one more time
han ville kanskje se ham en gang til
And he ran up to just outside of the city
Og han løp opp til like utenfor byen
When, near the city, he reached a wide road
Da han i nærheten av byen nådde en bred vei
he stopped, by the entrance of the beautiful pleasure-garden
han stoppet ved inngangen til den vakre lysthagen
the garden which used to belong to Kamala
hagen som tidligere tilhørte Kamala
the garden where he had seen her for the first time
hagen der han hadde sett henne for første gang
when she was sitting in her sedan-chair
da hun satt i sedan-stolen
The past rose up in his soul
Fortiden steg opp i hans sjel
again, he saw himself standing there
igjen så han seg selv stå der
a young, bearded, naked Samana
en ung, skjeggete, naken Samana
his hair hair was full of dust
håret hans var fullt av støv
For a long time, Siddhartha stood there
I lang tid sto Siddhartha der
he looked through the open gate into the garden
han så gjennom den åpne porten inn i hagen

he saw monks in yellow robes walking among the beautiful trees
han så munker i gule kapper gå blant de vakre trærne
For a long time, he stood there, pondering
I lang tid sto han der og grublet
he saw images and listened to the story of his life
han så bilder og lyttet til historien om livet hans
For a long time, he stood there looking at the monks
I lang tid sto han der og så på munkene
he saw young Siddhartha in their place
han så unge Siddhartha i deres sted
he saw young Kamala walking among the high trees
han så unge Kamala gå blant de høye trærne
Clearly, he saw himself being served food and drink by Kamala
Det er tydelig at han så seg selv bli servert mat og drikke av Kamala
he saw himself receiving his first kiss from her
han så seg selv få sitt første kyss fra henne
he saw himself looking proudly and disdainfully back on his life as a Brahman
han så seg selv se stolt og foraktfullt tilbake på livet sitt som brahman
he saw himself beginning his worldly life, proudly and full of desire
han så seg selv begynne sitt verdslige liv, stolt og full av lyst
He saw Kamaswami, the servants, the orgies
Han så Kamaswami, tjenerne, orgiene
he saw the gamblers with the dice
han så spillerne med terningene
he saw Kamala's song-bird in the cage
han så Kamalas sangfugl i buret
he lived through all this again
han levde gjennom alt dette igjen
he breathed Sansara and was once again old and tired
han pustet Sansara og var igjen gammel og sliten

he felt the disgust and the wish to annihilate himself again
han kjente avskyen og ønsket om å utslette seg selv igjen
and he was healed again by the holy Om
og han ble helbredet igjen av det hellige Om
for a long time Siddhartha had stood by the gate
i lang tid hadde Siddhartha stått ved porten
he realised his desire was foolish
han innså at ønsket hans var tåpelig
he realized it was foolishness which had made him go up to this place
han skjønte at det var dårskap som hadde fått ham til å gå opp til dette stedet
he realized he could not help his son
han innså at han ikke kunne hjelpe sønnen
and he realized that he was not allowed to cling to him
og han skjønte at han ikke fikk lov til å klamre seg til ham
he felt the love for the run-away deeply in his heart
han kjente kjærligheten til flyktningen dypt i hjertet
the love for his son felt like a wound
kjærligheten til sønnen føltes som et sår
but this wound had not been given to him in order to turn the knife in it
men dette såret hadde han ikke fått for å snu kniven i den
the wound had to become a blossom
såret måtte bli en blomst
and his wound had to shine
og såret hans måtte skinne
That this wound did not blossom or shine yet made him sad
At dette såret ikke blomstret eller lyste, gjorde ham likevel trist
Instead of the desired goal, there was emptiness
I stedet for ønsket mål ble det tomhet
emptiness had drawn him here, and sadly he sat down
tomheten hadde trukket ham hit, og dessverre satte han seg ned
he felt something dying in his heart

han kjente noe dø i hjertet hans
he experienced emptiness and saw no joy any more
han opplevde tomhet og så ingen glede lenger
there was no goal for which to aim for
det var ikke noe mål å sikte mot
He sat lost in thought and waited
Han satt fortapt i tankene og ventet
This he had learned by the river
Dette hadde han lært ved elva
waiting, having patience, listening attentively
venter, har tålmodighet, lytter oppmerksomt
And he sat and listened, in the dust of the road
Og han satt og lyttet, i støvet på veien
he listened to his heart, beating tiredly and sadly
han lyttet til hjertet sitt, slo trett og trist
and he waited for a voice
og han ventet på en stemme
Many an hour he crouched, listening
Mang en time huket han seg og lyttet
he saw no images any more
han så ingen bilder lenger
he fell into emptiness and let himself fall
han falt i tomheten og lot seg falle
he could see no path in front of him
han kunne ikke se noen sti foran seg
And when he felt the wound burning, he silently spoke the Om
Og da han kjente såret brenne, sa han stille om
he filled himself with Om
han fylte seg med Om
The monks in the garden saw him
Munkene i hagen så ham
dust was gathering on his gray hair
støv samlet seg på det grå håret hans
since he crouched for many hours, one of monks placed two bananas in front of him

siden han huket seg i mange timer, plasserte en av munkene
to bananer foran ham
The old man did not see him
Den gamle mannen så ham ikke

From this petrified state, he was awoken by a hand touching his shoulder
Fra denne forstenede tilstanden ble han vekket av en hånd som rørte ved skulderen hans
Instantly, he recognised this tender bashful touch
Umiddelbart kjente han igjen denne ømme, blyge berøringen
Vasudeva had followed him and waited
Vasudeva hadde fulgt ham og ventet
he regained his senses and rose to greet Vasudeva
han kom til sansene igjen og reiste seg for å hilse på Vasudeva
he looked into Vasudeva's friendly face
han så inn i Vasudevas vennlige ansikt
he looked into the small wrinkles
han så inn i de små rynkene
his wrinkles were as if they were filled with nothing but his smile
rynkene hans var som om de ikke var fylt med annet enn smilet hans
he looked into the happy eyes, and then he smiled too
han så inn i de glade øynene, og så smilte han også
Now he saw the bananas lying in front of him
Nå så han bananene ligge foran seg
he picked the bananas up and gave one to the ferryman
han plukket opp bananene og ga en til fergemannen
After eating the bananas, they silently went back into the forest
Etter å ha spist bananene gikk de stille tilbake inn i skogen
they returned home to the ferry
de reiste hjem til fergen
Neither one talked about what had happened that day
Ingen av dem snakket om hva som hadde skjedd den dagen

neither one mentioned the boy's name
ingen av dem nevnte guttens navn
neither one spoke about him running away
ingen av dem snakket om at han rømte
neither one spoke about the wound
ingen av dem snakket om såret
In the hut, Siddhartha lay down on his bed
I hytta la Siddhartha seg på sengen sin
after a while Vasudeva came to him
etter en stund kom Vasudeva til ham
he offered him a bowl of coconut-milk
han tilbød ham en bolle med kokosmelk
but he was already asleep
men han sov allerede

Om

For a long time the wound continued to burn
I lang tid fortsatte såret å brenne
Siddhartha had to ferry many travellers across the river
Siddhartha måtte ferge mange reisende over elven
many of the travellers were accompanied by a son or a daughter
mange av de reisende ble ledsaget av en sønn eller en datter
and he saw none of them without envying them
og han så ingen av dem uten å misunne dem
he couldn't see them without thinking about his lost son
han kunne ikke se dem uten å tenke på sin tapte sønn
"So many thousands possess the sweetest of good fortunes"
"Så mange tusen har den søteste lykke"
"why don't I also possess this good fortune?"
"hvorfor har ikke jeg også denne lykken?"
"even thieves and robbers have children and love them"
"selv tyver og røvere har barn og elsker dem"
"and they are being loved by their children"
"og de blir elsket av barna sine"
"all are loved by their children except for me"
"alle er elsket av barna sine bortsett fra meg"
he now thought like the childlike people, without reason
han tenkte nå som de barnlige mennesker, uten grunn
he had become one of the childlike people
han var blitt en av de barnlige
he looked upon people differently than before
han så annerledes på folk enn før
he was less smart and less proud of himself
han var mindre smart og mindre stolt av seg selv
but instead, he was warmer and more curious
men i stedet var han varmere og mer nysgjerrig
when he ferried travellers, he was more involved than before
når han ferget reisende, var han mer involvert enn før

childlike people, businessmen, warriors, women
barnlige mennesker, forretningsmenn, krigere, kvinner
these people did not seem alien to him, as they used to
disse menneskene virket ikke fremmede for ham, slik de pleide
he understood them and shared their life
han forsto dem og delte livet deres
a life which was not guided by thoughts and insight
et liv som ikke var styrt av tanker og innsikt
but a life guided solely by urges and wishes
men et liv styrt utelukkende av drifter og ønsker
he felt like the the childlike people
han følte seg som de barnlige menneskene
he was bearing his final wound
han bar sitt siste sår
he was nearing perfection
han nærmet seg perfeksjon
but the childlike people still seemed like his brothers
men de barnlige menneskene virket fortsatt som hans brødre
their vanities, desires for possession were no longer ridiculous to him
deres forfengelighet, begjær etter besittelse var ikke lenger latterlige for ham
they became understandable and lovable
de ble forståelige og elskelige
they even became worthy of veneration to him
de ble til og med verdige til ære for ham
The blind love of a mother for her child
En mors blinde kjærlighet til barnet sitt
the stupid, blind pride of a conceited father for his only son
den dumme, blinde stoltheten til en innbilsk far for sin eneste sønn
the blind, wild desire of a young, vain woman for jewellery
en ung, forfengelig kvinnes blinde, ville begjær etter smykker
her wish for admiring glances from men
hennes ønske om beundrende blikk fra menn

all of these simple urges were not childish notions
alle disse enkle driftene var ikke barnslige forestillinger
but they were immensely strong, living, and prevailing urges
men de var umåtelig sterke, levende og fremherskende drifter
he saw people living for the sake of their urges
han så folk som levde for sine drifters skyld
he saw people achieving rare things for their urges
han så folk oppnå sjeldne ting for sine drifter
travelling, conducting wars, suffering
å reise, føre kriger, lide
they bore an infinite amount of suffering
de bar uendelig mye lidelse
and he could love them for it, because he saw life
og han kunne elske dem for det, fordi han så livet
that what is alive was in each of their passions
at det som er levende var i hver av deres lidenskaper
that what is is indestructible was in their urges, the Brahman
at det som er uforgjengelig var i deres drifter, Brahmanen
these people were worthy of love and admiration
disse menneskene var verdig kjærlighet og beundring
they deserved it for their blind loyalty and blind strength
de fortjente det for sin blinde lojalitet og blinde styrke
there was nothing that they lacked
det var ingenting de manglet
Siddhartha had nothing which would put him above the rest, except one thing
Siddhartha hadde ingenting som ville sette ham over resten, bortsett fra én ting
there still was a small thing he had which they didn't
det var fortsatt en liten ting han hadde som de ikke hadde
he had the conscious thought of the oneness of all life
han hadde den bevisste tanken på enheten i alt liv
but Siddhartha even doubted whether this knowledge should be valued so highly

men Siddhartha tvilte til og med på om denne kunnskapen burde verdsettes så høyt

it might also be a childish idea of the thinking people
det kan også være en barnslig idé om de tenkende menneskene

the worldly people were of equal rank to the wise men
det verdslige folket var av samme rangering som de vise menn

animals too can in some moments seem to be superior to humans
også dyr kan i noen øyeblikk synes å være overlegne mennesker

they are superior in their tough, unrelenting performance of what is necessary
de er overlegne i sin tøffe, utrettelige ytelse av det som er nødvendig

an idea slowly blossomed in Siddhartha
en idé blomstret sakte i Siddhartha

and the idea slowly ripened in him
og ideen modnet sakte i ham

he began to see what wisdom actually was
han begynte å se hva visdom faktisk var

he saw what the goal of his long search was
han så hva målet med hans lange leting var

his search was nothing but a readiness of the soul
hans søken var ikke annet enn en beredskap for sjelen

a secret art to think every moment, while living his life
en hemmelig kunst å tenke hvert øyeblikk, mens han lever livet sitt

it was the thought of oneness
det var tanken på enhet

to be able to feel and inhale the oneness
å kunne føle og inhalere enheten

Slowly this awareness blossomed in him
Sakte blomstret denne bevisstheten i ham

it was shining back at him from Vasudeva's old, childlike face
det lyste tilbake på ham fra Vasudevas gamle, barnlige ansikt
harmony and knowledge of the eternal perfection of the world
harmoni og kunnskap om verdens evige fullkommenhet
smiling and to be part of the oneness
smilende og å være en del av enheten
But the wound still burned
Men såret brant fortsatt
longingly and bitterly Siddhartha thought of his son
lengselsfullt og bittert tenkte Siddhartha på sønnen sin
he nurtured his love and tenderness in his heart
han næret sin kjærlighet og ømhet i sitt hjerte
he allowed the pain to gnaw at him
han lot smerten gnage i seg
he committed all foolish acts of love
han begikk alle tåpelige kjærlighetshandlinger
this flame would not go out by itself
denne flammen ville ikke slukke av seg selv

one day the wound burned violently
en dag brant såret voldsomt
driven by a yearning, Siddhartha crossed the river
drevet av en lengsel krysset Siddhartha elven
he got off the boat and was willing to go to the city
han gikk av båten og var villig til å gå til byen
he wanted to look for his son again
han ville se etter sønnen sin igjen
The river flowed softly and quietly
Elva rant mykt og stille
it was the dry season, but its voice sounded strange
det var den tørre årstiden, men stemmen lød merkelig
it was clear to hear that the river laughed
det var tydelig å høre at elva lo
it laughed brightly and clearly at the old ferryman

det lo lyst og tydelig av den gamle fergemannen
he bent over the water, in order to hear even better
han bøyde seg over vannet, for å høre enda bedre
and he saw his face reflected in the quietly moving waters
og han så ansiktet sitt speile seg i det stille bevegelige vannet
in this reflected face there was something
i dette reflekterte ansiktet var det noe
something which reminded him, but he had forgotten
noe som minnet ham om, men han hadde glemt det
as he thought about it, he found it
mens han tenkte på det, fant han det
this face resembled another face which he used to know and love
dette ansiktet lignet et annet ansikt som han pleide å kjenne og elske
but he also used to fear this face
men han pleide også å frykte dette ansiktet
It resembled his father's face, the Brahman
Det lignet farens ansikt, Brahmanen
he remembered how he had forced his father to let him go
han husket hvordan han hadde tvunget faren til å slippe ham
he remembered how he had bid his farewell to him
han husket hvordan han hadde tatt farvel med ham
he remembered how he had gone and had never come back
han husket hvordan han hadde gått og aldri hadde kommet tilbake
Had his father not also suffered the same pain for him?
Hadde ikke faren hans også lidd den samme smerten for ham?
was his father's pain not the pain Siddhartha is suffering now?
var ikke farens smerte smerten Siddhartha lider nå?
Had his father not long since died?
Var ikke faren død for lenge siden?
had he died without having seen his son again?
hadde han dødd uten å ha sett sønnen sin igjen?
Did he not have to expect the same fate for himself?

Måtte han ikke forvente samme skjebne for seg selv?
Was it not a comedy in a fateful circle?
Var det ikke en komedie i en skjebnesvanger sirkel?
The river laughed about all of this
Elva lo av alt dette
everything came back which had not been suffered
alt kom tilbake som ikke hadde blitt lidd
everything came back which had not been solved
alt kom tilbake som ikke var løst
the same pain was suffered over and over again
den samme smerten ble påført om og om igjen
Siddhartha went back into the boat
Siddhartha gikk tilbake i båten
and he returned back to the hut
og han vendte tilbake til hytta
he was thinking of his father and of his son
han tenkte på sin far og på sin sønn
he thought of having been laughed at by the river
han tenkte på å ha blitt ledd av elven
he was at odds with himself and tending towards despair
han var på kant med seg selv og tenderte mot fortvilelse
but he was also tempted to laugh
men han ble også fristet til å le
he could laugh at himself and the entire world
han kunne le av seg selv og hele verden
Alas, the wound was not blossoming yet
Akk, såret hadde ikke blomstret enda
his heart was still fighting his fate
hjertet hans kjempet fortsatt mot skjebnen hans
cheerfulness and victory were not yet shining from his suffering
munterhet og seier lyste ennå ikke av hans lidelse
Nevertheless, he felt hope along with the despair
Likevel følte han håp sammen med fortvilelsen
once he returned to the hut he felt an undefeatable desire to open up to Vasudeva

når han kom tilbake til hytta følte han et ubeseirelig ønske om å åpne seg for Vasudeva
he wanted to show him everything
han ville vise ham alt
he wanted to say everything to the master of listening
han ville si alt til lytterens mester

Vasudeva was sitting in the hut, weaving a basket
Vasudeva satt i hytta og flettet en kurv
He no longer used the ferry-boat
Han brukte ikke lenger fergebåten
his eyes were starting to get weak
øynene hans begynte å bli svake
his arms and hands were getting weak as well
armene og hendene hans ble også svake
only the joy and cheerful benevolence of his face was unchanging
bare gleden og den muntre velviljen i ansiktet hans var uforanderlig
Siddhartha sat down next to the old man
Siddhartha satte seg ved siden av den gamle mannen
slowly, he started talking about what they had never spoke about
sakte begynte han å snakke om det de aldri hadde snakket om
he told him of his walk to the city
han fortalte ham om hans tur til byen
he told at him of the burning wound
han fortalte ham om det brennende såret
he told him about the envy of seeing happy fathers
han fortalte ham om misunnelsen av å se lykkelige fedre
his knowledge of the foolishness of such wishes
hans kunnskap om det tåpelige i slike ønsker
his futile fight against his wishes
hans meningsløse kamp mot hans ønsker
he was able to say everything, even the most embarrassing parts

han var i stand til å si alt, selv de mest pinlige delene
he told him everything he could tell him
han fortalte ham alt han kunne fortelle ham
he showed him everything he could show him
han viste ham alt han kunne vise ham
He presented his wound to him
Han presenterte såret for ham
he also told him how he had fled today
han fortalte ham også hvordan han hadde flyktet i dag
he told him how he ferried across the water
han fortalte ham hvordan han ferget over vannet
a childish run-away, willing to walk to the city
en barnslig løping, villig til å gå til byen
and he told him how the river had laughed
og han fortalte ham hvordan elven hadde ledd
he spoke for a long time
han snakket lenge
Vasudeva was listening with a quiet face
Vasudeva lyttet med et stille ansikt
Vasudeva's listening gave Siddhartha a stronger sensation than ever before
Vasudevas lytting ga Siddhartha en sterkere følelse enn noen gang før
he sensed how his pain and fears flowed over to him
han kjente hvordan smerten og frykten hans strømmet over til ham
he sensed how his secret hope flowed over him
han kjente hvordan hans hemmelige håp strømmet over ham
To show his wound to this listener was the same as bathing it in the river
Å vise såret sitt til denne lytteren var det samme som å bade det i elven
the river would have cooled Siddhartha's wound
elven ville ha avkjølt Siddharthas sår
the quiet listening cooled Siddhartha's wound
den stille lyttingen avkjølte Siddharthas sår

it cooled him until he become one with the river
det avkjølte ham til han ble ett med elven
While he was still speaking, still admitting and confessing
Mens han fortsatt snakket, innrømmet og tilsto
Siddhartha felt more and more that this was no longer Vasudeva
Siddhartha følte mer og mer at dette ikke lenger var Vasudeva
it was no longer a human being who was listening to him
det var ikke lenger et menneske som hørte på ham
this motionless listener was absorbing his confession into himself
denne ubevegelige lytteren absorberte bekjennelsen sin i seg selv
this motionless listener was like a tree the rain
denne ubevegelige lytteren var som et tre regnet
this motionless man was the river itself
denne urørlige mannen var selve elven
this motionless man was God himself
denne ubevegelige mannen var Gud selv
the motionless man was the eternal itself
det ubevegelige mennesket var det evige selv
Siddhartha stopped thinking of himself and his wound
Siddhartha sluttet å tenke på seg selv og såret sitt
this realisation of Vasudeva's changed character took possession of him
denne erkjennelsen av Vasudevas endrede karakter tok ham i besittelse
and the more he entered into it, the less wondrous it became
og jo mer han gikk inn i det, jo mindre underlig ble det
the more he realised that everything was in order and natural
jo mer skjønte han at alt var i orden og naturlig
he realised that Vasudeva had already been like this for a long time
han innså at Vasudeva allerede hadde vært slik i lang tid
he had just not quite recognised it yet

han hadde bare ikke helt gjenkjent det ennå
yes, he himself had almost reached the same state
ja, selv hadde han nesten nådd samme tilstand
He felt, that he was now seeing old Vasudeva as the people see the gods
Han følte at han nå så gamle Vasudeva mens folket ser gudene
and he felt that this could not last
og han følte at dette ikke kunne vare
in his heart, he started bidding his farewell to Vasudeva
i sitt hjerte begynte han å ta farvel med Vasudeva
Throughout all this, he talked incessantly
Gjennom alt dette snakket han ustanselig
When he had finished talking, Vasudeva turned his friendly eyes at him
Da han var ferdig med å snakke, vendte Vasudeva sine vennlige øyne mot ham
the eyes which had grown slightly weak
øynene som var blitt litt svake
he said nothing, but let his silent love and cheerfulness shine
han sa ingenting, men lot sin tause kjærlighet og munterhet skinne
his understanding and knowledge shone from him
hans forståelse og kunnskap lyste fra ham
He took Siddhartha's hand and led him to the seat by the bank
Han tok Siddharthas hånd og førte ham til setet ved banken
he sat down with him and smiled at the river
han satte seg ned med ham og smilte til elven
"You've heard it laugh," he said
"Du har hørt det le," sa han
"But you haven't heard everything"
"Men du har ikke hørt alt"
"Let's listen, you'll hear more"
"La oss høre, du vil høre mer"
Softly sounded the river, singing in many voices

Lavt lød elven og sang med mange stemmer
Siddhartha looked into the water
Siddhartha så ut i vannet
images appeared to him in the moving water
bilder dukket opp for ham i det bevegelige vannet
his father appeared, lonely and mourning for his son
faren hans dukket opp, ensom og sørget over sønnen
he himself appeared in the moving water
han selv dukket opp i det bevegelige vannet
he was also being tied with the bondage of yearning to his distant son
han ble også bundet av lengselens trelldom til sin fjerne sønn
his son appeared, lonely as well
sønnen hans dukket opp, også ensom
the boy, greedily rushing along the burning course of his young wishes
gutten, grådig susende langs den brennende kursen til sine unge ønsker
each one was heading for his goal
hver av dem var på vei mot sitt mål
each one was obsessed by the goal
hver og en var besatt av målet
each one was suffering from the pursuit
hver og en led av forfølgelsen
The river sang with a voice of suffering
Elven sang med en stemme av lidelse
longingly it sang and flowed towards its goal
lengselsfullt sang den og strømmet mot sitt mål
"Do you hear?" Vasudeva asked with a mute gaze
"Hører du?" spurte Vasudeva med et stumt blikk
Siddhartha nodded in reply
Siddhartha nikket som svar
"Listen better!" Vasudeva whispered
"Hør bedre!" Vasudeva hvisket
Siddhartha made an effort to listen better
Siddhartha forsøkte å lytte bedre

The image of his father appeared
Bildet av faren hans dukket opp
his own image merged with his father's
hans eget bilde smeltet sammen med farens
the image of his son merged with his image
bildet av sønnen hans smeltet sammen med bildet hans
Kamala's image also appeared and was dispersed
Kamalas bilde dukket også opp og ble spredt
and the image of Govinda, and other images
og bildet av Govinda, og andre bilder
and all the imaged merged with each other
og alle bildene smeltet sammen med hverandre
all the imaged turned into the river
alt avbildet ble til elven
being the river, they all headed for the goal
da de var elven, satte de kursen mot målet
longing, desiring, suffering flowed together
lengsel, begjær, lidelse fløt sammen
and the river's voice sounded full of yearning
og elvens stemme lød full av lengsel
the river's voice was full of burning woe
elvens stemme var full av brennende ve
the river's voice was full of unsatisfiable desire
elvens stemme var full av utilfredsstillende begjær
For the goal, the river was heading
For målet var elva på vei
Siddhartha saw the river hurrying towards its goal
Siddhartha så elven skynde seg mot målet
the river of him and his loved ones and of all people he had ever seen
elven til ham og hans kjære og av alle mennesker han noen gang hadde sett
all of these waves and waters were hurrying
alle disse bølgene og vannet hastet
they were all suffering towards many goals
de led alle mot mange mål

the waterfall, the lake, the rapids, the sea
fossen, innsjøen, strykene, havet
and all goals were reached
og alle mål ble nådd
and every goal was followed by a new one
og hvert mål ble fulgt av et nytt
and the water turned into vapour and rose to the sky
og vannet ble til damp og steg til himmels
the water turned into rain and poured down from the sky
vannet ble til regn og strømmet ned fra himmelen
the water turned into a source
vannet ble til en kilde
then the source turned into a stream
så ble kilden til en bekk
the stream turned into a river
bekken ble til en elv
and the river headed forwards again
og elven satte kursen fremover igjen
But the longing voice had changed
Men den lengtende stemmen hadde endret seg
It still resounded, full of suffering, searching
Det runget fortsatt, fullt av lidelse, søkende
but other voices joined the river
men andre stemmer sluttet seg til elven
there were voices of joy and of suffering
det var stemmer om glede og lidelse
good and bad voices, laughing and sad ones
gode og dårlige stemmer, leende og triste
a hundred voices, a thousand voices
hundre stemmer, tusen stemmer
Siddhartha listened to all these voices
Siddhartha lyttet til alle disse stemmene
He was now nothing but a listener
Han var nå ikke annet enn en lytter
he was completely concentrated on listening
han var helt konsentrert om å lytte

he was completely empty now
han var helt tom nå
he felt that he had now finished learning to listen
han følte at han nå var ferdig med å lære å lytte
Often before, he had heard all this
Ofte før hadde han hørt alt dette
he had heard these many voices in the river
han hadde hørt disse mange stemmene i elven
today the voices in the river sounded new
i dag lød stemmene i elva nye
Already, he could no longer tell the many voices apart
Allerede kunne han ikke lenger skille de mange stemmene fra hverandre
there was no difference between the happy voices and the weeping ones
det var ingen forskjell på de glade stemmene og de gråtende
the voices of children and the voices of men were one
stemmene til barn og stemmene til menn var én
all these voices belonged together
alle disse stemmene hørte sammen
the lamentation of yearning and the laughter of the knowledgeable one
lengselens klage og latteren til den kunnskapsrike
the scream of rage and the moaning of the dying ones
raseriskriket og stønn fra de døende
everything was one and everything was intertwined
alt var ett og alt var sammenvevd
everything was connected and entangled a thousand times
alt var forbundet og viklet inn tusen ganger
everything together, all voices, all goals
alt sammen, alle stemmer, alle mål
all yearning, all suffering, all pleasure
all lengsel, all lidelse, all nytelse
all that was good and evil
alt som var godt og ondt
all of this together was the world

alt dette sammen var verden
All of it together was the flow of events
Alt sammen var strømmen av hendelser
all of it was the music of life
alt var livets musikk
when Siddhartha was listening attentively to this river
da Siddhartha lyttet oppmerksomt til denne elven
the song of a thousand voices
sangen til tusen stemmer
when he neither listened to the suffering nor the laughter
når han verken lyttet til lidelsen eller latteren
when he did not tie his soul to any particular voice
da han ikke bandt sjelen sin til noen spesiell stemme
when he submerged his self into the river
da han senket seg selv i elven
but when he heard them all he perceived the whole, the oneness
men da han hørte dem alle, merket han helheten, enheten
then the great song of the thousand voices consisted of a single word
da besto den store sangen av de tusen stemmer av et enkelt ord
this word was Om; the perfection
dette ordet var Om; perfeksjonen

"Do you hear" Vasudeva's gaze asked again
"Hører du" spurte Vasudevas blikk igjen
Brightly, Vasudeva's smile was shining
Vasudevas smil skinte klart
it was floating radiantly over all the wrinkles of his old face
den fløt strålende over alle rynkene i hans gamle ansikt
the same way the Om was floating in the air over all the voices of the river
på samme måte som Omen svevde i luften over alle stemmene til elven
Brightly his smile was shining, when he looked at his friend

Smilet hans lyste sterkt når han så på vennen sin
and brightly the same smile was now starting to shine on Siddhartha's face
og det samme smilet begynte nå å skinne i ansiktet til Siddhartha
His wound had blossomed and his suffering was shining
Såret hans hadde blomstret og lidelsen hans lyste
his self had flown into the oneness
han selv hadde fløyet inn i enheten
In this hour, Siddhartha stopped fighting his fate
I denne timen sluttet Siddhartha å kjempe mot sin skjebne
at the same time he stopped suffering
samtidig sluttet han å lide
On his face flourished the cheerfulness of a knowledge
I ansiktet hans blomstret munterheten til en kunnskap
a knowledge which was no longer opposed by any will
en kunnskap som ikke lenger ble motarbeidet av noen vilje
a knowledge which knows perfection
en kunnskap som kjenner perfeksjon
a knowledge which is in agreement with the flow of events
en kunnskap som er i samsvar med strømmen av hendelser
a knowledge which is with the current of life
en kunnskap som er med livets strøm
full of sympathy for the pain of others
full av sympati for andres smerte
full of sympathy for the pleasure of others
full av sympati for andres glede
devoted to the flow, belonging to the oneness
viet til strømmen, som tilhører enheten
Vasudeva rose from the seat by the bank
Vasudeva reiste seg fra setet ved banken
he looked into Siddhartha's eyes
han så inn i øynene til Siddhartha
and he saw the cheerfulness of the knowledge shining in his eyes
og han så kunnskapens munterhet skinne i øynene hans

he softly touched his shoulder with his hand
han tok forsiktig på skulderen med hånden
"I've been waiting for this hour, my dear"
"Jeg har ventet på denne timen, min kjære"
"Now that it has come, let me leave"
"Nå som det har kommet, la meg gå"
"For a long time, I've been waiting for this hour"
"I lang tid har jeg ventet på denne timen"
"for a long time, I've been Vasudeva the ferryman"
"I lang tid har jeg vært Vasudeva fergemannen"
"Now it's enough. Farewell"
"Nå er det nok. Farvel"
"farewell river, farewell Siddhartha!"
"farvel elv, farvel Siddhartha!"
Siddhartha made a deep bow before him who bid his farewell
Siddhartha bukket dypt for ham som tok farvel
"I've known it," he said quietly
«Jeg har visst det,» sa han stille
"You'll go into the forests?"
"Du skal gå inn i skogen?"
"I'm going into the forests"
"Jeg går inn i skogen"
"I'm going into the oneness" spoke Vasudeva with a bright smile
"Jeg går inn i enhet" sa Vasudeva med et lyst smil
With a bright smile, he left
Med et lyst smil dro han
Siddhartha watched him leaving
Siddhartha så ham gå
With deep joy, with deep solemnity he watched him leave
Med dyp glede, med dyp høytidelighet så han ham gå
he saw his steps were full of peace
han så at skrittene hans var fulle av fred
he saw his head was full of lustre
han så hodet hans var fullt av glans

he saw his body was full of light
han så kroppen hans var full av lys

Govinda

Govinda had been with the monks for a long time
Govinda hadde vært sammen med munkene lenge
when not on pilgrimages, he spent his time in the pleasure-garden
når han ikke var på pilegrimsreiser, tilbrakte han tiden sin i lystgården
the garden which the courtesan Kamala had given the followers of Gotama
hagen som kurtisanen Kamala hadde gitt tilhengerne av Gotama
he heard talk of an old ferryman, who lived a day's journey away
han hørte snakke om en gammel fergemann, som bodde en dagsreise unna
he heard many regarded him as a wise man
han hørte at mange betraktet ham som en vis mann
When Govinda went back, he chose the path to the ferry
Da Govinda dro tilbake, valgte han stien til fergen
he was eager to see the ferryman
han var ivrig etter å se fergemannen
he had lived his entire life by the rules
han hadde levd hele livet etter reglene
he was looked upon with veneration by the younger monks
han ble sett på med ærbødighet av de yngre munkene
they respected his age and modesty
de respekterte hans alder og beskjedenhet
but his restlessness had not perished from his heart
men hans uro var ikke forsvunnet fra hans hjerte
he was searching for what he had not found

han lette etter det han ikke hadde funnet
He came to the river and asked the old man to ferry him over
Han kom til elva og ba den gamle om å ferge ham over
when they got off the boat on the other side, he spoke with the old man
da de gikk av båten på den andre siden, snakket han med den gamle

"**You're very good to us monks and pilgrims**"
"Du er veldig god mot oss munker og pilegrimer"
"**you have ferried many of us across the river**"
"du har ferget mange av oss over elven"
"**Aren't you too, ferryman, a searcher for the right path?**"
"Er ikke du også, fergemann, en søker etter den rette veien?"
smiling from his old eyes, Siddhartha spoke
Siddhartha smilte fra sine gamle øyne
"**oh venerable one, do you call yourself a searcher?**"
"å ærverdige, kaller du deg selv en søker?"
"**are you still a searcher, although already well in years?**"
"er du fortsatt en søker, selv om du allerede har det godt på mange år?"
"**do you search while wearing the robe of Gotama's monks?**"
"søker du mens du har på deg kappen til Gotamas munker?"
"**It's true, I'm old,**" **spoke Govinda**
«Det er sant, jeg er gammel,» sa Govinda
"**but I haven't stopped searching**"
"men jeg har ikke sluttet å søke"
"**I will never stop searching**"
"Jeg vil aldri slutte å lete"
"**this seems to be my destiny**"
"dette ser ut til å være min skjebne"
"**You too, so it seems to me, have been searching**"
"Du også, så det virker for meg, har søkt"
"**Would you like to tell me something, oh honourable one?**"
"Vil du fortelle meg noe, ærede?"
"**What might I have that I could tell you, oh venerable one?**"

"Hva kan jeg ha som jeg kan fortelle deg, å ærverdige?"
"Perhaps I could tell you that you're searching far too much?"
"Kanskje jeg kan fortelle deg at du leter altfor mye?"
"Could I tell you that you don't make time for finding?"
"Kan jeg fortelle deg at du ikke tar deg tid til å finne?"
"How come?" asked Govinda
"Hvordan kommer det?" spurte Govinda
"When someone is searching they might only see what they search for"
"Når noen søker, ser de kanskje bare det de søker etter"
"he might not be able to let anything else enter his mind"
"han kan kanskje ikke la noe annet komme inn i hodet hans"
"he doesn't see what he is not searching for"
"han ser ikke det han ikke leter etter"
"because he always thinks of nothing but the object of his search"
"fordi han alltid tenker på ingenting annet enn gjenstanden for søket"
"he has a goal, which he is obsessed with"
"han har et mål som han er besatt av"
"Searching means having a goal"
"Søke betyr å ha et mål"
"But finding means being free, open, and having no goal"
"Men å finne betyr å være fri, åpen og ikke ha noe mål"
"You, oh venerable one, are perhaps indeed a searcher"
"Du, ærverdige, er kanskje virkelig en søker"
"because, when striving for your goal, there are many things you don't see"
"fordi når du streber etter målet ditt, er det mange ting du ikke ser"
"you might not see things which are directly in front of your eyes"
"du ser kanskje ikke ting som er rett foran øynene dine"
"I don't quite understand yet," said Govinda, "what do you mean by this?"

"Jeg forstår ikke helt ennå," sa Govinda, "hva mener du med dette?"
"oh venerable one, you've been at this river before, a long time ago"
"å ærverdige, du har vært ved denne elven før, for lenge siden"
"and you have found a sleeping man by the river"
"og du har funnet en sovende mann ved elven"
"you have sat down with him to guard his sleep"
"du har satt deg ned med ham for å vokte søvnen hans"
"but, oh Govinda, you did not recognise the sleeping man"
"men å Govinda, du kjente ikke igjen den sovende mannen"
Govinda was astonished, as if he had been the object of a magic spell
Govinda ble overrasket, som om han hadde vært gjenstand for en magisk trolldom
the monk looked into the ferryman's eyes
munken så inn i øynene til fergemannen
"Are you Siddhartha?" he asked with a timid voice
"Er du Siddhartha?" spurte han med en engstelig stemme
"I wouldn't have recognised you this time either!"
"Jeg ville ikke ha kjent deg igjen denne gangen heller!"
"from my heart, I'm greeting you, Siddhartha"
"fra mitt hjerte, jeg hilser deg, Siddhartha"
"from my heart, I'm happy to see you once again!"
"fra mitt hjerte, jeg er glad for å se deg igjen!"
"You've changed a lot, my friend"
"Du har forandret deg mye, min venn"
"and you've now become a ferryman?"
"og du er nå blitt fergemann?"
In a friendly manner, Siddhartha laughed
På en vennlig måte lo Siddhartha
"yes, I am a ferryman"
"ja, jeg er en fergemann"
"Many people, Govinda, have to change a lot"
"Mange mennesker, Govinda, må forandre seg mye"

"they have to wear many robes"
"de må ha mange kapper"
"I am one of those who had to change a lot"
"Jeg er en av dem som måtte forandre seg mye"
"Be welcome, Govinda, and spend the night in my hut"
"Vær velkommen, Govinda, og tilbring natten i hytta mi"
Govinda stayed the night in the hut
Govinda overnattet i hytta
he slept on the bed which used to be Vasudeva's bed
han sov på sengen som pleide å være Vasudevas seng
he posed many questions to the friend of his youth
han stilte mange spørsmål til ungdomsvennen
Siddhartha had to tell him many things from his life
Siddhartha måtte fortelle ham mange ting fra livet hans

then the next morning came
så kom neste morgen
the time had come to start the day's journey
tiden var inne for å starte dagens reise
without hesitation, Govinda asked one more question
uten å nøle stilte Govinda ett spørsmål til
"Before I continue on my path, Siddhartha, permit me to ask one more question"
"Før jeg fortsetter på min vei, Siddhartha, tillat meg å stille ett spørsmål til"
"Do you have a teaching that guides you?"
"Har du en lære som veileder deg?"
"Do you have a faith or a knowledge you follow"
"Har du en tro eller en kunnskap du følger"
"is there a knowledge which helps you to live and do right?"
"finnes det en kunnskap som hjelper deg til å leve og gjøre rett?"
"You know well, my dear, I have always been distrustful of teachers"
"Du vet godt, min kjære, jeg har alltid vært mistroisk til lærere"

"as a young man I already started to doubt teachers"
"som ung begynte jeg allerede å tvile på lærere"
"when we lived with the penitents in the forest, I distrusted their teachings"
"da vi bodde hos de angrende i skogen, mistillit jeg deres lære"
"and I turned my back to them"
"og jeg vendte ryggen til dem"
"I have remained distrustful of teachers"
"Jeg har vært mistroisk til lærere"
"Nevertheless, I have had many teachers since then"
"Jeg har likevel hatt mange lærere siden den gang"
"A beautiful courtesan has been my teacher for a long time"
"En vakker kurtisane har vært læreren min i lang tid"
"a rich merchant was my teacher"
"en rik kjøpmann var læreren min"
"and some gamblers with dice taught me"
"og noen spillere med terninger lærte meg"
"Once, even a follower of Buddha has been my teacher"
"En gang har til og med en tilhenger av Buddha vært min lærer"
"he was travelling on foot, pilgering"
"han reiste til fots og pilerte"
"and he sat with me when I had fallen asleep in the forest"
"og han satt med meg da jeg hadde sovnet i skogen"
"I've also learned from him, for which I'm very grateful"
"Jeg har også lært av ham, noe jeg er veldig takknemlig for"
"But most of all, I have learned from this river"
"Men mest av alt har jeg lært av denne elven"
"and I have learned most from my predecessor, the ferryman Vasudeva"
"og jeg har lært det meste av min forgjenger, fergemannen Vasudeva"
"He was a very simple person, Vasudeva, he was no thinker"
"Han var en veldig enkel person, Vasudeva, han var ingen tenker"
"but he knew what is necessary just as well as Gotama"

"men han visste hva som er nødvendig like godt som Gotama"
"he was a perfect man, a saint"
"han var en perfekt mann, en helgen"
"Siddhartha still loves to mock people, it seems to me"
"Siddhartha elsker fortsatt å håne folk, ser det ut for meg"
"I believe in you and I know that you haven't followed a teacher"
"Jeg tror på deg og jeg vet at du ikke har fulgt en lærer"
"But haven't you found something by yourself?"
"Men har du ikke funnet noe selv?"
"though you've found no teachings, you still found certain thoughts"
"selv om du ikke har funnet noen lære, fant du likevel visse tanker"
"certain insights, which are your own"
"visse innsikter, som er din egen"
"insights which help you to live"
"innsikt som hjelper deg å leve"
"Haven't you found something like this?"
"Har du ikke funnet noe slikt?"
"If you would like to tell me, you would delight my heart"
"Hvis du vil fortelle meg, vil du glede hjertet mitt"
"you are right, I have had thoughts and gained many insights"
"du har rett, jeg har hatt tanker og fått mange innsikter"
"Sometimes I have felt knowledge in me for an hour"
"Noen ganger har jeg kjent kunnskap i meg i en time"
"at other times I have felt knowledge in me for an entire day"
"andre ganger har jeg kjent kunnskap i meg en hel dag"
"the same knowledge one feels when one feels life in one's heart"
"den samme kunnskapen man føler når man kjenner livet i hjertet sitt"
"There have been many thoughts"
"Det har vært mange tanker"

"but it would be hard for me to convey these thoughts to you"
"men det ville være vanskelig for meg å formidle disse tankene til deg"
"my dear Govinda, this is one of my thoughts which I have found"
"min kjære Govinda, dette er en av mine tanker som jeg har funnet"
"wisdom cannot be passed on"
"visdom kan ikke gis videre"
"Wisdom which a wise man tries to pass on always sounds like foolishness"
"Visdom som en vis mann prøver å gi videre, høres alltid ut som tåpelighet"
"Are you kidding?" asked Govinda
"tuller du?" spurte Govinda
"I'm not kidding, I'm telling you what I have found"
"Jeg tuller ikke, jeg forteller deg hva jeg har funnet"
"Knowledge can be conveyed, but wisdom can't"
"Kunnskap kan formidles, men visdom kan ikke"
"wisdom can be found, it can be lived"
"visdom kan bli funnet, den kan leves"
"it is possible to be carried by wisdom"
"det er mulig å bli båret av visdom"
"miracles can be performed with wisdom"
"mirakler kan utføres med visdom"
"but wisdom cannot be expressed in words or taught"
"men visdom kan ikke uttrykkes i ord eller læres"
"This was what I sometimes suspected, even as a young man"
"Dette var det jeg noen ganger mistenkte, selv som ung mann"
"this is what has driven me away from the teachers"
"det er dette som har drevet meg bort fra lærerne"
"I have found a thought which you'll regard as foolishness"
"Jeg har funnet en tanke som du vil betrakte som tåpelig"
"but this thought has been my best"

"men denne tanken har vært min beste"
"The opposite of every truth is just as true!"
"Det motsatte av enhver sannhet er like sant!"
"any truth can only be expressed when it is one-sided"
"enhver sannhet kan bare uttrykkes når den er ensidig"
"only one sided things can be put into words"
"bare ensidige ting kan settes ord på"
"Everything which can be thought is one-sided"
"Alt som kan tenkes er ensidig"
"it's all one-sided, so it's just one half"
"det hele er ensidig, så det er bare en halv"
"it all lacks completeness, roundness, and oneness"
"det hele mangler fullstendighet, rundhet og enhet"
"the exalted Gotama spoke in his teachings of the world"
"den opphøyde Gotama talte i sin lære om verden"
"but he had to divide the world into Sansara and Nirvana"
"men han måtte dele verden inn i Sansara og Nirvana"
"he had divided the world into deception and truth"
"han hadde delt verden inn i bedrag og sannhet"
"he had divided the world into suffering and salvation"
"han hadde delt verden i lidelse og frelse"
"the world cannot be explained any other way"
"verden kan ikke forklares på noen annen måte"
"there is no other way to explain it, for those who want to teach"
"det er ingen annen måte å forklare det på, for de som ønsker å undervise"
"But the world itself is never one-sided"
"Men verden i seg selv er aldri ensidig"
"the world exists around us and inside of us"
"verden eksisterer rundt oss og inne i oss"
"A person or an act is never entirely Sansara or entirely Nirvana"
"En person eller en handling er aldri helt Sansara eller helt Nirvana"
"a person is never entirely holy or entirely sinful"

"en person er aldri helt hellig eller fullstendig syndig"
"It seems like the world can be divided into these opposites"
"Det virker som om verden kan deles inn i disse motsetningene"
"but that's because we are subject to deception"
"men det er fordi vi er utsatt for bedrag"
"it's as if the deception was something real"
"det er som om bedraget var noe ekte"
"Time is not real, Govinda"
"Tiden er ikke ekte, Govinda"
"I have experienced this often and often again"
"Jeg har opplevd dette ofte og ofte igjen"
"when time is not real, the gap between the world and the eternity is also a deception"
"når tiden ikke er ekte, er gapet mellom verden og evigheten også et bedrag"
"the gap between suffering and blissfulness is not real"
"gapet mellom lidelse og lykke er ikke ekte"
"there is no gap between evil and good"
"det er ikke noe gap mellom det onde og det gode"
"all of these gaps are deceptions"
"alle disse hullene er bedrag"
"but these gaps appear to us nonetheless"
"men disse hullene vises for oss likevel"
"How come?" asked Govinda timidly
"Hvordan kommer det?" spurte Govinda engstelig
"Listen well, my dear," answered Siddhartha
"Hør godt, min kjære," svarte Siddhartha
"The sinner, which I am and which you are, is a sinner"
"Synderen som jeg er og som du er, er en synder"
"but in times to come the sinner will be Brahma again"
"men i tider som kommer vil synderen være Brahma igjen"
"he will reach the Nirvana and be Buddha"
"han vil nå Nirvana og være Buddha"
"the times to come are a deception"
"tidene som kommer er et bedrag"

"the times to come are only a parable!"
"tidene som kommer er bare en lignelse!"
"The sinner is not on his way to become a Buddha"
"Synderen er ikke på vei til å bli en Buddha"
"he is not in the process of developing"
"han er ikke i ferd med å utvikle seg"
"our capacity for thinking does not know how else to picture these things"
"vår evne til å tenke vet ikke hvordan vi ellers skal forestille oss disse tingene"
"No, within the sinner there already is the future Buddha"
"Nei, inne i synderen er det allerede den fremtidige Buddha"
"his future is already all there"
"hans fremtid er allerede der"
"you have to worship the Buddha in the sinner"
"du må tilbe Buddha i synderen"
"you have to worship the Buddha hidden in everyone"
"du må tilbe Buddha gjemt i alle"
"the hidden Buddha which is coming into being the possible"
"den skjulte Buddha som blir til det mulige"
"The world, my friend Govinda, is not imperfect"
"Verden, min venn Govinda, er ikke ufullkommen"
"the world is on no slow path towards perfection"
"verden er på ingen langsom vei mot perfeksjon"
"no, the world is perfect in every moment"
"nei, verden er perfekt i hvert øyeblikk"
"all sin already carries the divine forgiveness in itself"
"all synd bærer allerede den guddommelige tilgivelse i seg selv"
"all small children already have the old person in themselves"
"alle små barn har allerede den gamle i seg selv"
"all infants already have death in them"
"alle spedbarn har allerede døden i seg"
"all dying people have the eternal life"

"alle døende mennesker har det evige liv"
"we can't see how far another one has already progressed on his path"
"vi kan ikke se hvor langt en annen allerede har kommet på sin vei"
"in the robber and dice-gambler, the Buddha is waiting"
"i røveren og terningspilleren venter Buddha"
"in the Brahman, the robber is waiting"
"i Brahmanen venter raneren"
"in deep meditation, there is the possibility to put time out of existence"
"i dyp meditasjon er det mulighet for å sette tiden ut av eksistensen"
"there is the possibility to see all life simultaneously"
"det er muligheten til å se alt liv samtidig"
"it is possible to see all life which was, is, and will be"
"det er mulig å se alt liv som var, er og vil være"
"and there everything is good, perfect, and Brahman"
"og der er alt bra, perfekt og brahman"
"Therefore, I see whatever exists as good"
"Derfor ser jeg det som eksisterer som bra"
"death is to me like life"
"døden er for meg som livet"
"to me sin is like holiness"
"for meg er synd som hellighet"
"wisdom can be like foolishness"
"visdom kan være som dårskap"
"everything has to be as it is"
"alt må være som det er"
"everything only requires my consent and willingness"
"alt krever bare mitt samtykke og vilje"
"all that my view requires is my loving agreement to be good for me"
"alt som mitt syn krever er min kjærlige avtale om å være bra for meg"
"my view has to do nothing but work for my benefit"

"mitt syn må ikke gjøre annet enn å jobbe for min fordel"
"and then my perception is unable to ever harm me"
"og da er min oppfatning ikke i stand til å skade meg noen gang"
"I have experienced that I needed sin very much"
"Jeg har erfart at jeg trengte synd veldig mye"
"I have experienced this in my body and in my soul"
"Jeg har opplevd dette i min kropp og i min sjel"
"I needed lust, the desire for possessions, and vanity"
"Jeg trengte begjær, begjæret etter eiendeler og forfengelighet"
"and I needed the most shameful despair"
"og jeg trengte den mest skammelige fortvilelse"
"in order to learn how to give up all resistance"
"for å lære å gi opp all motstand"
"in order to learn how to love the world"
"for å lære å elske verden"
"in order to stop comparing things to some world I wished for"
"for å slutte å sammenligne ting med en verden jeg ønsket meg"
"I imagined some kind of perfection I had made up"
"Jeg så for meg en slags perfeksjon jeg hadde laget opp"
"but I have learned to leave the world as it is"
"men jeg har lært å forlate verden som den er"
"I have learned to love the world as it is"
"Jeg har lært å elske verden slik den er"
"and I learned to enjoy being a part of it"
"og jeg lærte å nyte å være en del av det"
"These, oh Govinda, are some of the thoughts which have come into my mind"
"Dette, å Govinda, er noen av tankene som har kommet inn i hodet mitt"

Siddhartha bent down and picked up a stone from the ground
Siddhartha bøyde seg ned og plukket opp en stein fra bakken

he weighed the stone in his hand
han veide steinen i hånden
"This here," he said playing with the rock, "is a stone"
"Dette her," sa han og lekte med steinen, "er en stein"
"this stone will, after a certain time, perhaps turn into soil"
"denne steinen vil, etter en viss tid, kanskje bli til jord"
"it will turn from soil into a plant or animal or human being"
"det vil bli fra jord til en plante eller et dyr eller et menneske"
"In the past, I would have said this stone is just a stone"
"Tidligere ville jeg ha sagt at denne steinen bare er en stein"
"I might have said it is worthless"
"Jeg kan ha sagt at det er verdiløst"
"I would have told you this stone belongs to the world of the Maya"
"Jeg ville ha fortalt deg at denne steinen tilhører Mayaverdenen"
"but I wouldn't have seen that it has importance"
"men jeg ville ikke ha sett at det har betydning"
"it might be able to become a spirit in the cycle of transformations"
"det kan kanskje bli en ånd i transformasjonssyklusen"
"therefore I also grant it importance"
"Derfor gir jeg det også betydning"
"Thus, I would perhaps have thought in the past"
"Derfor ville jeg kanskje ha tenkt i fortiden"
"But today I think differently about the stone"
"Men i dag tenker jeg annerledes om steinen"
"this stone is a stone, and it is also animal, god, and Buddha"
"denne steinen er en stein, og den er også dyr, gud og Buddha"
"I do not venerate and love it because it could turn into this or that"
"Jeg ærer og elsker det ikke fordi det kan bli til dette eller det"
"I love it because it is those things"
"Jeg elsker det fordi det er de tingene"
"this stone is already everything"

"denne steinen er allerede alt"
"it appears to me now and today as a stone"
"det fremstår for meg nå og i dag som en stein"
"that is why I love this"
"det er derfor jeg elsker dette"
"that is why I see worth and purpose in each of its veins and cavities"
"det er derfor jeg ser verdi og hensikt i hver av dens årer og hulrom"
"I see value in its yellow, gray, and hardness"
"Jeg ser verdi i gult, grått og hardt"
"I appreciated the sound it makes when I knock at it"
"Jeg satte pris på lyden den lager når jeg banker på den"
"I love the dryness or wetness of its surface"
"Jeg elsker tørrheten eller fuktigheten på overflaten"
"There are stones which feel like oil or soap"
"Det er steiner som føles som olje eller såpe"
"and other stones feel like leaves or sand"
"og andre steiner føles som blader eller sand"
"and every stone is special and prays the Om in its own way"
"og hver stein er spesiell og ber Om på sin egen måte"
"each stone is Brahman"
"hver stein er Brahman"
"but simultaneously, and just as much, it is a stone"
"men samtidig, og like mye, er det en stein"
"it is a stone regardless of whether it's oily or juicy"
"det er en stein uansett om den er fet eller saftig"
"and this why I like and regard this stone"
"og det er derfor jeg liker og ser på denne steinen"
"it is wonderful and worthy of worship"
"den er fantastisk og verdig tilbedelse"
"But let me speak no more of this"
"Men la meg ikke snakke mer om dette"
"words are not good for transmitting the secret meaning"
"ord er ikke gode for å overføre den hemmelige betydningen"

"everything always becomes a bit different, as soon as it is put into words"
"alt blir alltid litt annerledes, så snart det er satt ord på det"
"everything gets distorted a little by words"
"alt blir litt forvrengt av ord"
"and then the explanation becomes a bit silly"
"og da blir forklaringen litt dum"
"yes, and this is also very good, and I like it a lot"
"ja, og dette er også veldig bra, og jeg liker det godt"
"I also very much agree with this"
"Jeg er også veldig enig i dette"
"one man's treasure and wisdom always sounds like foolishness to another person"
"en manns skatt og visdom høres alltid ut som dumhet for en annen person"
Govinda listened silently to what Siddhartha was saying
Govinda lyttet stille til det Siddhartha sa
there was a pause and Govinda hesitantly asked a question
det ble en pause og Govinda stilte nølende et spørsmål
"Why have you told me this about the stone?"
"Hvorfor har du fortalt meg dette om steinen?"
"I did it without any specific intention"
"Jeg gjorde det uten noen spesifikk intensjon"
"perhaps what I meant was, that I love this stone and the river"
"kanskje det jeg mente var at jeg elsker denne steinen og elven"
"and I love all these things we are looking at"
"og jeg elsker alle disse tingene vi ser på"
"and we can learn from all these things"
"og vi kan lære av alle disse tingene"
"I can love a stone, Govinda"
"Jeg kan elske en stein, Govinda"
"and I can also love a tree or a piece of bark"
"og jeg kan også elske et tre eller et stykke bark"
"These are things, and things can be loved"

"Dette er ting, og ting kan bli elsket"
"but I cannot love words"
"men jeg kan ikke elske ord"
"therefore, teachings are no good for me"
"Derfor er læren ikke bra for meg"
"teachings have no hardness, softness, colours, edges, smell, or taste"
"lære har ingen hardhet, mykhet, farger, kanter, lukt eller smak"
"teachings have nothing but words"
"lære har ingenting annet enn ord"
"perhaps it is words which keep you from finding peace"
"kanskje det er ord som hindrer deg i å finne fred"
"because salvation and virtue are mere words"
"fordi frelse og dyd er bare ord"
"Sansara and Nirvana are also just mere words, Govinda"
"Sansara og Nirvana er også bare ord, Govinda"
"there is no thing which would be Nirvana"
"det er ingen ting som ville være Nirvana"
"therefore Nirvana is just the word"
" derfor er Nirvana bare ordet"
Govinda objected, "Nirvana is not just a word, my friend"
Govinda innvendte: "Nirvana er ikke bare et ord, min venn"
"Nirvana is a word, but also it is a thought"
"Nirvana er et ord, men det er også en tanke"
Siddhartha continued, "it might be a thought"
Siddhartha fortsatte, "det kan være en tanke"
"I must confess, I don't differentiate much between thoughts and words"
"Jeg må innrømme, jeg skiller ikke mye mellom tanker og ord"
"to be honest, I also have no high opinion of thoughts"
"for å være ærlig har jeg heller ingen høy oppfatning av tanker"
"I have a better opinion of things than thoughts"
"Jeg har en bedre mening om ting enn tanker"

"Here on this ferry-boat, for instance, a man has been my predecessor"
"Her på denne fergen, for eksempel, har en mann vært min forgjenger"
"he was also one of my teachers"
"han var også en av lærerne mine"
"a holy man, who has for many years simply believed in the river"
"en hellig mann, som i mange år bare har trodd på elven"
"and he believed in nothing else"
"og han trodde ikke på noe annet"
"He had noticed that the river spoke to him"
"Han hadde lagt merke til at elven snakket til ham"
"he learned from the river"
"han lærte av elven"
"the river educated and taught him"
"elven utdannet og lærte ham"
"the river seemed to be a god to him"
"elven så ut til å være en gud for ham"
"for many years he did not know that everything was as divine as the river"
"i mange år visste han ikke at alt var så guddommelig som elven"
"the wind, every cloud, every bird, every beetle"
"vinden, hver sky, hver fugl, hver bille"
"they can teach just as much as the river"
"de kan lære like mye som elven"
"But when this holy man went into the forests, he knew everything"
"Men da denne hellige mannen gikk inn i skogene, visste han alt"
"he knew more than you and me, without teachers or books"
"han visste mer enn deg og meg, uten lærere eller bøker"
"he knew more than us only because he had believed in the river"
"han visste mer enn oss bare fordi han hadde trodd på elven"

Govinda still had doubts and questions
Govinda hadde fortsatt tvil og spørsmål
"But is that what you call things actually something real?"
"Men er det det du kaller ting faktisk noe ekte?"
"do these things have existence?"
"eksisterer disse tingene?"
"Isn't it just a deception of the Maya"
"Er det ikke bare et bedrag av Mayaene"
"aren't all these things an image and illusion?"
"Er ikke alle disse tingene et bilde og en illusjon?"
"Your stone, your tree, your river"
"Din stein, ditt tre, din elv"
"are they actually a reality?"
"er de faktisk en realitet?"
"This too," spoke Siddhartha, "I do not care very much about"
"Dette også," sa Siddhartha, "jeg bryr meg ikke så mye om"
"Let the things be illusions or not"
"La ting være illusjoner eller ikke"
"after all, I would then also be an illusion"
"tross alt, jeg ville da også vært en illusjon"
"and if these things are illusions then they are like me"
"og hvis disse tingene er illusjoner, så er de som meg"
"This is what makes them so dear and worthy of veneration for me"
"Dette er det som gjør dem så kjære og verdige til ære for meg"
"these things are like me and that is how I can love them"
"disse tingene er som meg, og det er slik jeg kan elske dem"
"this is a teaching you will laugh about"
"dette er en lære du vil le av"
"love, oh Govinda, seems to me to be the most important thing of all"
"kjærlighet, å Govinda, synes for meg å være det viktigste av alt"

"to thoroughly understand the world may be what great thinkers do"
"å grundig forstå verden kan være hva store tenkere gjør"
"they explain the world and despise it"
"de forklarer verden og forakter den"
"But I'm only interested in being able to love the world"
"Men jeg er bare interessert i å kunne elske verden"
"I am not interested in despising the world"
"Jeg er ikke interessert i å forakte verden"
"I don't want to hate the world"
"Jeg vil ikke hate verden"
"and I don't want the world to hate me"
"og jeg vil ikke at verden skal hate meg"
"I want to be able to look upon the world and myself with love"
"Jeg ønsker å kunne se på verden og meg selv med kjærlighet"
"I want to look upon all beings with admiration"
"Jeg vil se på alle vesener med beundring"
"I want to have a great respect for everything"
"Jeg vil ha stor respekt for alt"
"This I understand," spoke Govinda
"Dette forstår jeg," sa Govinda
"But this very thing was discovered by the exalted one to be a deception"
"Men nettopp dette ble oppdaget av den opphøyde som et bedrag"
"He commands benevolence, clemency, sympathy, tolerance"
"Han befaler velvilje, nåd, sympati, toleranse"
"but he does not command love"
"men han befaler ikke kjærlighet"
"he forbade us to tie our heart in love to earthly things"
"han forbød oss å binde vårt hjerte i kjærlighet til jordiske ting"
"I know it, Govinda," said Siddhartha, and his smile shone golden

"Jeg vet det, Govinda," sa Siddhartha, og smilet hans skinte gull

"And behold, with this we are right in the thicket of opinions"

"Og se, med dette er vi rett i kratt av meninger"

"now we are in the dispute about words"

"nå er vi i striden om ord"

"For I cannot deny, my words of love are a contradiction"

"For jeg kan ikke nekte, mine kjærlighetsord er en selvmotsigelse"

"they seem to be in contradiction with Gotama's words"

"de ser ut til å være i motsetning til Gotamas ord"

"For this very reason, I distrust words so much"

"Akkurat av denne grunn mistror jeg ord så mye"

"because I know this contradiction is a deception"

"fordi jeg vet at denne motsetningen er et bedrag"

"I know that I am in agreement with Gotama"

"Jeg vet at jeg er enig med Gotama"

"How could he not know love when he has discovered all elements of human existence"

"Hvordan kunne han ikke kjenne kjærlighet når han har oppdaget alle elementer av menneskelig eksistens"

"he has discovered their transitoriness and their meaninglessness"

"han har oppdaget deres forgjengelighet og deres meningsløshet"

"and yet he loved people very much"

"og likevel elsket han mennesker veldig mye"

"he used a long, laborious life only to help and teach them!"

"han brukte et langt, møysommelig liv bare for å hjelpe og lære dem!"

"Even with your great teacher, I prefer things over the words"

"Selv med den gode læreren din foretrekker jeg ting fremfor ordene"

"I place more importance on his acts and life than on his speeches"
"Jeg legger større vekt på hans handlinger og liv enn på hans taler"
"I value the gestures of his hand more than his opinions"
"Jeg verdsetter håndbevegelsene hans mer enn meningene hans"
"for me there was nothing in his speech and thoughts"
"for meg var det ingenting i hans tale og tanker"
"I see his greatness only in his actions and in his life"
"Jeg ser hans storhet bare i hans handlinger og i hans liv"

For a long time, the two old men said nothing
Lenge sa de to gamle ikke noe
Then Govinda spoke, while bowing for a farewell
Så snakket Govinda, mens han bøyde seg for et farvel
"I thank you, Siddhartha, for telling me some of your thoughts"
"Jeg takker deg, Siddhartha, for at du fortalte meg noen av tankene dine"
"These thoughts are partially strange to me"
"Disse tankene er delvis merkelige for meg"
"not all of these thoughts have been instantly understandable to me"
"ikke alle disse tankene har vært umiddelbart forståelige for meg"
"This being as it may, I thank you"
"Sånn som det er, takker jeg deg"
"and I wish you to have calm days"
"og jeg ønsker deg rolige dager"
But secretly he thought something else to himself
Men i all hemmelighet tenkte han noe annet for seg selv
"This Siddhartha is a bizarre person"
"Denne Siddhartha er en bisarr person"
"he expresses bizarre thoughts"
"han uttrykker bisarre tanker"

"his teachings sound foolish"
"hans lære lyder tåpelig"
"the exalted one's pure teachings sound very different"
"den opphøyedes rene lære lyder veldig annerledes"
"those teachings are clearer, purer, more comprehensible"
"disse læresetningene er klarere, renere, mer forståelige"
"there is nothing strange, foolish, or silly in those teachings"
"det er ikke noe rart, tåpelig eller dumt i den læren"
"But Siddhartha's hands seemed different from his thoughts"
"Men Siddharthas hender virket annerledes enn tankene hans"
"his feet, his eyes, his forehead, his breath"
"hans føtter, hans øyne, hans panne, hans pust"
"his smile, his greeting, his walk"
"smilet hans, hilsenen hans, turen hans"
"I haven't met another man like him since Gotama became one with the Nirvana"
"Jeg har ikke møtt en annen mann som ham siden Gotama ble ett med Nirvana"
"since then I haven't felt the presence of a holy man"
"siden da har jeg ikke følt tilstedeværelsen av en hellig mann"
"I have only found Siddhartha, who is like this"
"Jeg har bare funnet Siddhartha, som er slik"
"his teachings may be strange and his words may sound foolish"
"hans lære kan være merkelig og hans ord kan høres tåpelige ut"
"but purity shines out of his gaze and hand"
"men renhet skinner ut av hans blikk og hånd"
"his skin and his hair radiates purity"
"huden og håret hans utstråler renhet"
"purity shines out of every part of him"
"renhet skinner ut av hver del av ham"
"a calmness, cheerfulness, mildness and holiness shines from him"
"en ro, munterhet, mildhet og hellighet skinner fra ham"

"something which I have seen in no other person"
"noe som jeg ikke har sett hos noen annen person"
"I have not seen it since the final death of our exalted teacher"
"Jeg har ikke sett det siden vår opphøyde lærers endelige død"
While Govinda thought like this, there was a conflict in his heart
Mens Govinda tenkte slik, var det en konflikt i hjertet hans
he once again bowed to Siddhartha
han bøyde seg nok en gang for Siddhartha
he felt he was drawn forward by love
han følte at han ble trukket frem av kjærlighet
he bowed deeply to him who was calmly sitting
han bøyde seg dypt for ham som satt rolig
"Siddhartha," he spoke, "we have become old men"
"Siddhartha," sa han, "vi har blitt gamle menn"
"It is unlikely for one of us to see the other again in this incarnation"
"Det er usannsynlig for en av oss å se den andre igjen i denne inkarnasjonen"
"I see, beloved, that you have found peace"
"Jeg ser, elskede, at du har funnet fred"
"I confess that I haven't found it"
"Jeg innrømmer at jeg ikke har funnet den"
"Tell me, oh honourable one, one more word"
"Fortell meg, ærede en, ett ord til"
"give me something on my way which I can grasp"
"gi meg noe på veien som jeg kan forstå"
"give me something which I can understand!"
"gi meg noe jeg kan forstå!"
"give me something I can take with me on my path"
"gi meg noe jeg kan ta med meg på min vei"
"my path is often hard and dark, Siddhartha"
"min vei er ofte hard og mørk, Siddhartha"
Siddhartha said nothing and looked at him
Siddhartha sa ingenting og så på ham

he looked at him with his ever unchanged, quiet smile
han så på ham med sitt alltid uforandrede, stille smil
Govinda stared at his face with fear
Govinda stirret på ansiktet hans med frykt
there was yearning and suffering in his eyes
det var lengsel og lidelse i øynene hans
the eternal search was visible in his look
det evige søken var synlig i blikket hans
you could see his eternal inability to find
du kunne se hans evige manglende evne til å finne
Siddhartha saw it and smiled
Siddhartha så det og smilte
"Bend down to me!" he whispered quietly in Govinda's ear
"Bøy deg ned til meg!" hvisket han stille i øret til Govinda
"Like this, and come even closer!"
"Som dette, og kom enda nærmere!"
"Kiss my forehead, Govinda!"
"Kyss pannen min, Govinda!"
Govinda was astonished, but drawn on by great love and expectation
Govinda var overrasket, men tiltrukket av stor kjærlighet og forventning
he obeyed his words and bent down closely to him
han adlød hans ord og bøyde seg tett ned til ham
and he touched his forehead with his lips
og han rørte ved pannen med leppene
when he did this, something miraculous happened to him
da han gjorde dette, skjedde det noe mirakuløst med ham
his thoughts were still dwelling on Siddhartha's wondrous words
tankene hans dvelet fortsatt ved Siddharthas vidunderlige ord
he was still reluctantly struggling to think away time
han strevde fortsatt motvillig med å tenke bort tiden
he was still trying to imagine Nirvana and Sansara as one
han prøvde fortsatt å forestille seg Nirvana og Sansara som ett
there was still a certain contempt for the words of his friend

det var fortsatt en viss forakt for vennens ord
those words were still fighting in him
disse ordene kjempet fortsatt i ham
those words were still fighting against an immense love and veneration
disse ordene kjempet fortsatt mot en enorm kjærlighet og ærbødighet
and during all these thoughts, something else happened to him
og under alle disse tankene skjedde det noe annet med ham
He no longer saw the face of his friend Siddhartha
Han så ikke lenger ansiktet til vennen Siddhartha
instead of Siddhartha's face, he saw other faces
i stedet for Siddharthas ansikt, så han andre ansikter
he saw a long sequence of faces
han så en lang rekke ansikter
he saw a flowing river of faces
han så en rennende elv av ansikter
hundreds and thousands of faces, which all came and disappeared
hundrevis og tusenvis av ansikter, som alle kom og forsvant
and yet they all seemed to be there simultaneously
og likevel så det ut til at de alle var der samtidig
they constantly changed and renewed themselves
de endret og fornyet seg hele tiden
they were themselves and they were still all Siddhartha's face
de var seg selv og de var fortsatt alle Siddharthas ansikt
he saw the face of a fish with an infinitely painfully opened mouth
han så ansiktet til en fisk med en uendelig smertefullt åpen munn
the face of a dying fish, with fading eyes
ansiktet til en døende fisk, med falmende øyne
he saw the face of a new-born child, red and full of wrinkles
han så ansiktet til et nyfødt barn, rødt og fullt av rynker

it was distorted from crying
det ble forvrengt fra gråt
he saw the face of a murderer
han så ansiktet til en morder
he saw him plunging a knife into the body of another person
han så ham stupe en kniv inn i kroppen til en annen person
he saw, in the same moment, this criminal in bondage
han så i samme øyeblikk denne forbryteren i trelldom
he saw him kneeling before a crowd
han så ham knele foran en folkemengde
and he saw his head being chopped off by the executioner
og han så hodet bli hugget av bøddelen
he saw the bodies of men and women
han så kroppene til menn og kvinner
they were naked in positions and cramps of frenzied love
de var nakne i stillinger og kramper av frenetisk kjærlighet
he saw corpses stretched out, motionless, cold, void
han så lik strukket ut, ubevegelig, kalde, tomme
he saw the heads of animals
han så hodene til dyr
heads of boars, of crocodiles, and of elephants
hoder av villsvin, krokodiller og elefanter
he saw the heads of bulls and of birds
han så hodene til okser og fugler
he saw gods; Krishna and Agni
han så guder; Krishna og Agni
he saw all of these figures and faces in a thousand relationships with one another
han så alle disse figurene og ansiktene i tusen forhold til hverandre
each figure was helping the other
hver figur hjalp den andre
each figure was loving their relationship
hver figur elsket forholdet sitt
each figure was hating their relationship, destroying it

hver figur hatet forholdet sitt og ødela det
and each figure was giving re-birth to their relationship
og hver figur var å gjenføde forholdet deres
each figure was a will to die
hver figur var en vilje til å dø
they were passionately painful confessions of transitoriness
de var lidenskapelig smertefulle tilståelser om forgjengelighet
and yet none of them died, each one only transformed
og likevel døde ingen av dem, hver enkelt ble bare forvandlet
they were always reborn and received more and more new faces
de ble alltid gjenfødt og fikk flere og flere nye ansikter
no time passed between the one face and the other
det gikk ingen tid mellom det ene ansiktet og det andre
all of these figures and faces rested
alle disse skikkelsene og ansiktene hvilte
they flowed and generated themselves
de strømmet og genererte seg selv
they floated along and merged with each other
de fløt med og smeltet sammen med hverandre
and they were all constantly covered by something thin
og de var alle konstant dekket av noe tynt
they had no individuality of their own
de hadde ingen egen individualitet
but yet they were existing
men likevel eksisterte de
they were like a thin glass or ice
de var som et tynt glass eller is
they were like a transparent skin
de var som en gjennomsiktig hud
they were like a shell or mould or mask of water
de var som et skall eller en form eller en vannmaske
and this mask was smiling
og denne masken smilte
and this mask was Siddhartha's smiling face
og denne masken var Siddharthas smilende ansikt

the mask which Govinda was touching with his lips
masken som Govinda rørte ved med leppene
And, Govinda saw it like this
Og Govinda så det slik
the smile of the mask
maskens smil
the smile of oneness above the flowing forms
enhetssmilet over de flytende formene
the smile of simultaneousness above the thousand births and deaths
smilet av samtidighet over de tusen fødsler og dødsfall
the smile of Siddhartha's was precisely the same
smilet til Siddhartha var nøyaktig det samme
Siddhartha's smile was the same as the quiet smile of Gotama, the Buddha
Siddharthas smil var det samme som det stille smilet til Gotama, Buddha
it was delicate and impenetrable smile
det var et delikat og ugjennomtrengelig smil
perhaps it was benevolent and mocking, and wise
kanskje det var velvillig og spottende og klokt
the thousand-fold smile of Gotama, the Buddha
det tusenfoldige smilet til Gotama, Buddha
as he had seen it himself with great respect a hundred times
slik han selv hadde sett det med stor respekt hundre ganger
Like this, Govinda knew, the perfected ones are smiling
Slik som dette, visste Govinda, smiler de perfeksjonerte
he did not know anymore whether time existed
han visste ikke lenger om tid fantes
he did not know whether the vision had lasted a second or a hundred years
han visste ikke om synet hadde vart et sekund eller hundre år
he did not know whether a Siddhartha or a Gotama existed
han visste ikke om en Siddhartha eller en Gotama eksisterte
he did not know if a me or a you existed
han visste ikke om et meg eller et du eksisterte

he felt in his as if he had been wounded by a divine arrow
han følte i sitt som om han var blitt såret av en guddommelig pil
the arrow pierced his innermost self
pilen gjennomboret hans innerste jeg
the injury of the divine arrow tasted sweet
skaden av den guddommelige pilen smakte søtt
Govinda was enchanted and dissolved in his innermost self
Govinda ble trollbundet og oppløst i sitt innerste
he stood still for a little while
han sto stille en liten stund
he bent over Siddhartha's quiet face, which he had just kissed
han bøyde seg over Siddharthas stille ansikt, som han nettopp hadde kysset
the face in which he had just seen the scene of all manifestations
ansiktet der han nettopp hadde sett åstedet for alle manifestasjoner
the face of all transformations and all existence
ansiktet til alle transformasjoner og all eksistens
the face he was looking at was unchanged
ansiktet han så på var uforandret
under its surface, the depth of the thousand folds had closed up again
under overflaten hadde dybden av de tusen foldene lukket seg igjen
he smiled silently, quietly, and softly
han smilte stille, stille og mykt
perhaps he smiled very benevolently and mockingly
kanskje han smilte veldig velvillig og hånende
precisely this was how the exalted one smiled
det var nettopp slik den opphøyde smilte
Deeply, Govinda bowed to Siddhartha
Govinda bøyde seg dypt for Siddhartha
tears he knew nothing of ran down his old face

tårer han ikke visste noe om rant nedover hans gamle ansikt
his tears burned like a fire of the most intimate love
tårene hans brant som en ild av den mest intime kjærlighet
he felt the humblest veneration in his heart
han følte den ydmykeste ærbødighet i sitt hjerte
Deeply, he bowed, touching the ground
Dypt bøyde han seg og rørte bakken
he bowed before him who was sitting motionlessly
han bøyde seg for ham som satt urørlig
his smile reminded him of everything he had ever loved in his life
smilet hans minnet ham om alt han noen gang hadde elsket i livet
his smile reminded him of everything in his life that he found valuable and holy
smilet hans minnet ham om alt i livet hans som han fant verdifullt og hellig

www.tranzlaty.com

www.ingramcontent.com/pod-product-compliance
Lightning Source LLC
Chambersburg PA
CBHW012002090526
44590CB00026B/3840